心一堂術數古籍珍本叢刊

書名：《沈氏玄空挨星圖》《沈註章仲山宅斷未定稿》《沈氏玄空學（四卷原本）》
合刊（下）
系列：心一堂術數古籍珍本叢刊　堪輿類　第二輯　221
作者：【清】沈竹礽、【民國】江志伊等
主編、責任編輯：陳劍聰
心一堂術數古籍珍本叢刊編校小組：陳劍聰　素聞　鄒偉才　虛白盧主

出版：心一堂有限公司
通訊地址：香港九龍旺角彌敦道六一〇號荷李活商業中心十八樓〇五—〇六室
深港讀者服務中心：中國深圳市羅湖區立新路六號羅湖商業大廈負一層〇〇八室
電話號碼：(852)67150840
網址：publish.sunyata.cc
電郵：sunyatabook@gmail.com
網店：http://book.sunyata.cc
淘寶店地址：https://shop210782774.taobao.com
微店地址：https://weidian.com/s/1212826297
臉書：https://www.facebook.com/sunyatabook
讀者論壇：http://bbs.sunyata.cc/

版次：二零一八年十一月初版
平裝：三冊不分售

定價：港幣　九百八十八元正
新台幣　三千八百八十元正

國際書號：ISBN 978-988-8582-06-8

香港發行：香港聯合書刊物流有限公司
地址：香港新界大埔汀麗路36號中華商務印刷大廈3樓
電話號碼：(852)2150-2100
傳真號碼：(852)2407-3062
電郵：info@suplogistics.com.hk

台灣發行：秀威資訊科技股份有限公司
地址：台灣台北市內湖區瑞光路七十六巷六十五號一樓
電話號碼：+886-2-2796-3638
傳真號碼：+886-2-2796-1377
網絡書店：www.bodbooks.com.tw
台灣國家書店讀者服務中心：
地址：台灣台北市中山區松江路二〇九號一樓
電話號碼：+886-2-2518-0207
傳真號碼：+886-2-2518-0778
網絡書店：http://www.govbooks.com.tw

中國大陸發行　零售：深圳心一堂文化傳播有限公司
深圳地址：深圳市羅湖區立新路六號羅湖商業大廈負一層〇〇八室
電話號碼：(86)0755-82224934

心一堂微店二維碼

心一堂淘寶店二維碼

原序

此書原名陰陽二宅錄驗無錫章仲山甫所著其家視為至寶不輕示人光緒戊寅夏予偕胡伯安至錫以重金向仲山後人假閱竭一日夜之力手錄以歸以其名不雅馴改稱宅斷以便記憶夫地理之道分巒頭理氣五尺童子均知之然巒頭不真理氣無用所謂皮之不存毛將焉附者也章氏理氣雖佳惜目力未經名山大川所錄者均係勾搭小地予於增註時將其瑣屑者一一刪去於陰宅存五十圖陽宅存十七圖時予寓居上虞從遊子弟多寫錄二部宅斷所取亦以其地為多併

學者易於印證也不採著名陵墓者以形勢雖佳而當時卜葬之元運無從稽考故從略云錢唐沈紹勳記

陰宅秘斷 計五十條

無錫章仲山原著　錢唐沈竹礽詳註

常州張姓祖墓　癸山丁向　一運扦

	丁向	水来
五六	一一	三八
九	五	七
四七	六五	八三
八	一	三
九二	二九	七四
四	六	二
水去	癸山	

此局坤水屈曲而來○轉巽方會聚○至艮而消、

仲山曰。此墳塟後。長房應發秀。次房丁秀大盛。財亦旺。蓋得輔星成五吉也。問之主人曰。前富百萬。今僅千百矣。

沈註。此一六八俱到向上。又見水光。真合五星之妙。長房發秀而財不旺者。蓋六為乾。乾屬長。六又為官星。故發秀。又為金。生向上坎水。謂之生出。故財不旺。次房丁秀大盛而財亦旺者。蓋雙一到向。坎為中男。故二房更發也。

楊姓祖墓　亥山巳向　一運扦

巳向　水

一一 九	六五 五	八三 七
九二 八	二九 一	四七 三
五六 四	七四 六	三八 二

亥山　湖

此局大龍從坤來。轉庚酉辛。直至丑艮寅而去。脉從乾方腰落。開窩結穴。乾方有湖。巽方有水呈秀。

仲山曰。此墳墓後。自明迄今。科甲連綿。富數十萬人丁亦盛。蓋天盤地盤。合一四同宮。天卦地卦。亦合一四同宮之妙也。

沈註。此墳塋於明萬曆。當一白正運。局勢宏敞。水光圓朗。龍真穴的。地盤是四。而向上天盤到地盤是一。地卦是四。而山上天盤之一又到。更得向首合十。入中之卦又合十。所以自明迄今。富貴未艾也。

郘塘橋張姓祖墓　申山寅向　一運扦

八三 九	三八 五	山一 申一 七
九二 八	七四 一	五六 三
四七 四	二九 六	六五 二
水 向寅		

此局艮方有大水放光。乾兑二方。亦有清水映照。

仲山曰。初年立寅向不利。至五六運。大旺財丁。交七運後。丁稀財退。蓋運不得令。星亦不得令。兼有男女淫亂之醜。

沈註。一白扦此地。向上水光。反主凶險不利。五六運。入乾兌二宮之水。是以大旺財丁。交七運。向星入中。（指向上飛星之七言）星不得令也。一白七到向。運不得令也。向首四七主女淫。客星一白到向主男淫。　觀此可知秀氣一過。亦主四十年財丁。學者以此局為法可也。

無錫石塘灣孫姓祖墓　子山午向　二運扦

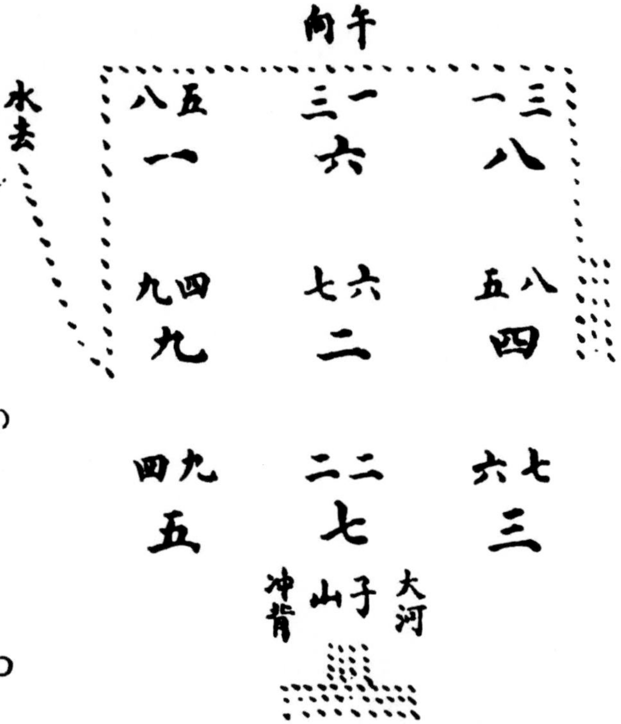

此局庚酉辛河水大宕。由坤離震巽復從長方消去。坎方有大河。并有一直瀆。當背冲於穴後。

仲山曰。此墳扦後。已合元運。理當速發。坎方之水。取其特也。但形巒不美。一失元運即財丁兩退。主人曰。我祖塋此墳特賣糖度日。塟後本身發有十餘萬。下至數世。猶有五六萬。惟丁則大減。

沈註。塟後大發財丁者。因兩盤旺星到後。坎方有水特大。名曰倒潮。其發最速。天玉云。吉星先入家豪富。其餘兌離巽之水。皆收不起。故一水得元。然坎方水雖特大。而當背冲來。究屬不美。故一交七運即大敗也。

上虞鯉魚山錢姓祖墓　辛乙兼酉卯　二運扦

佩田

水去			
乙向	三一 一	八五 六	一三 八
	二二 九	四九 二	六七 四
	七六 五	九四 七	五八 三
			辛山　水來

仲山曰。此局葬後。財丁兩旺。兼出科甲。每中必雙。辛

未年出一詞林。係丙申命。然此地必出瞽目寡婦尤發。

沈註。財丁兩旺。雙二到向。水外有山也。山上飛星二到向。曰下水。本不吉。以水外有山。仍係上山。故佳。五六運內。科甲每中必雙者。因兌乾二方飛星是五六。此二方又有山峯。故五六兩運主中雙。巽方消水處。雙一到也。此即城門一訣法。巽方定位是四。雙一到為一四同宮。城門。即水口也。丙申命辛未入翰林者。中宮是九二。向上亦是九二。九即丙。二即申。況辛未年九入中。二到山。所謂太歲臨山。山上是七。七即辛。太歲是二。二即未。二七同宮。即辛未也。向上兩二。太歲帶照。是年九入中。七到向。亦即辛未也。中宮運盤是二。

七運七入中。亦辛未也。有此四辛未。故入詞林也。出瞽目寡婦者。向上是二九。二為寡宿。又為土。九為目。土入於目。為地火明夷。故出瞽目寡婦。尤發者因向上有水也。七運小房必有絕嗣者。因七上山故也。向上飛星到山是七。為上山。七兑為少房。故絕嗣。上山之凶如此。若有水則無害矣。九運向星入中。必退財損丁。兼有大災。凡三四到向。定主火災。書云。七九合慶。患火惟均。又云。火若剋金兼化木。數驚回祿之災。即此之謂也。九運運盤九入中。七到向。山向飛星雙九到向。向上飛星七入中。是中宮與向。皆七九同慶也。九七為大剋金。在乙向為化木。故主大災。退財損丁。向星入中曰入囚。類如此。然科目終不斷。因城門地畫八卦是四雙一同到巽。得四一同宮之妙也。

孫姓祖墓　壬山丙向　二運扦

此局向上無水。兌方有水救光。

	丙向		
六 七 一	二 二 六	四 九 八	
五 八 九	七 六 二	九 四 四	水
一 三 五	三 一 七	八 五 三	
	壬山		

仲山曰。此局初年財氣不大。後主因姦破財。

沈註。雙二到向。因向上無水。故財氣不大。兌方兩四一九。名四九為友。雙四即雙巽。巽木剋中宮二土。又剋向上兩二土。兌方水大放光。四九陰神也。故一失運。即主因姦破財。

章姓祖墓　壬山丙向　二運扦

	丙向	
六七 一	二二 六	四九 八
五八 九	七六 二	九四 四
一三 五	三一 七	八五 三
	壬山	

仲山曰。此局葬後財丁兩旺。然主家主不壽。世出寡

婦尼被僧尼耗財。

沈註、財丁兩旺者。因旺星、到向也。然雙二加於運盤之六。土重埋金。六為乾。故主家主不壽。世出寡婦者。二為寡宿故也。失運時。多被僧尼剝削耗財。因二為尼姑之類也。

施姓祖墓　酉山卯向　二運扞

飄田

酉山

三一 一	八五 六	一三 八
二二 九	四九 二	六七 四
七六 五	九四 七	五八 三

石橋

卯向

水

此局墳後飄田兌水遠來從乾坎艮至震方開宕巽方有橋水從橋下出

仲山曰。此墳葬後。大發財丁。兼出秀才入泮必雙然
主世出寡婦瞽目。
沈註。大發財丁者。雙二到向。向上有水也。入泮必雙
者。城門在巽。雙一到也。一四同宮。本主科甲。因龍力
不强。但出秀才。此美中不足耳。世出寡婦瞽目。以向
上雙二到九故也。

裘姓祖墓　未山丑向　二運扦

九 六 一	四 一 六	未山 二 八 八
一 七 九	八 五 二	水 六 三 四
五 二 五 向 丑	三 九 七	七 四 三

此局坤方有城樓○兌方有河闊洋○由乾坎艮至巽方石橋下消去○

仲山曰○葬後長子因姦傷足○次子先充兵丁○而後致

富悉應

沈註。此局運星到山到向。本無不利。長子因姦傷足者。因辰方有石橋高聳。向上飛星之六到巽。六為長子。山上之九又到。九為中女。老父中女。配非正耦。故主姦淫。乾方有水。運盤之三到乾。山上之七又到乾。為兌金折震足之象。次子充兵丁而致富者。兌方開洋。以聯珠法推之。向上之三到兌。為進神水。山上之六亦到兌。六為武人。所以先充兵丁而後致富也。兌為少女。故應少房。三到兌兌為進神水者。與兌七為台十也。

錦棚橋陸姓祖墓　酉山卯向　二運扦

此地乾坤艮巽四維。有水放光。水外皆有秀峯如文筆。

卯向	水		水	酉山
	三一 一	八五 六	一三 八	
卯向	二二 九	四九 二	六七 四	酉山
	七六 五	九四 七	五八 三	
	水		水	

仲山曰。此墳扦後。大發財丁。兼出名儒。交五運末。損

丁八九九人。主人曰。何知之詳。答曰。此由艮方之水填實故也。

沈註。乾坤艮巽方有水。為四庫齊開。又為四水朝陽。本三元不替之局。況水外四方皆有山。且秀如文筆。具力尤大。而又雙二到向。旺星照穴。所以大發財源。兼出名儒。惜五運艮方填實。所以斷五運末傷丁八九人者。以五運後十年。已通六氣。艮方六到填實處。名曰水裏龍神上山。安得不損人丁乎。坤為文書。為二。此雙二臨於向首。故出名儒也。

狀元錢棻山祖墓　丑山未向　二運扦

湖

九六 一	水 四一 六	木二 向八 八
一七 九	八五 二	六三 四
五二 五 丑山	三九 七	七四 三

此地左右兩山環抱。坤峯高遠秀麗可愛。坤未方有大湖。離方水圓如鏡。近在穴旁。

仲山曰。此清貴之地。庚子丙子生人應發科甲。棻山即庚子生有丙子生人少年登科不壽。

沈註。兩山環抱。朝山秀拔。左離水。前大湖。此局齊整極矣。故主清貴。庚子丙子生人發科甲者。從離方之水斷之也。離水圓亮如鏡。近在穴旁。即是城門一訣。蓋天玉以水之照穴有情處為城門。況又四一同宮。安得不發科甲。庚子丙子生人者。山上飛星之一到離。一中有子故也。然庚子分金為正。丙子已偏。故少年登科而殀。　觀此可悟定生肖之訣。離上城門。挨星是六。為戊陰。入中逆飛。二到離。為旺。此即城門一吉也。又離上挨星是六。飛星是一。六為金。一為水。故為庚子。若九一為丙子。挨在巽位。視離方城門為偏也。

鮑姓祖墓　辛山乙向　三運扦

	二六 二	六一 七	四八 九	
水　乙向	三七 一	一五 三	八三 五	辛山　水
	七二 六	五九 八	九四 四	

此地兌卯二方有水。艮方高墩。墩外有一峯高聳。卯方向上之水映照。坐後兌方之水暗拱。

仲山曰。此墳隨．隨發財旺而丁不旺。一交七運。二房官訟不止。且房房損女丁。蓋兌為少女為口舌也。
沈註。隨葬隨發者。旺星到向。且有水也。丁不旺者。山上旺星臨水故也。七運傷女丁者。艮方是七。不但無水。反見高墩高峯。名曰上山。故主傷女丁也。二房官訟不止者。二臨艮位。故主二房。六臨艮位。故主官訟。七兌為口舌。為少女。甲子年太歲是七。七入中。則官訟生中央矣。一到艮方。金生水出。故主官訟破財也。丁卯年太歲是四。四入中。七到艮。七赤重逢七赤。故主口舌傷女丁也。

錢唐魯斯占祖墓　丙山壬向　三運扦

		水 丙山		
	六九 二	二四 七	四二 九	
水	五一 一	七八 三	九六 五	水
	一五 六	三三 八	八七 四	
		壬向 水		

此穴平地開窩。甲庚壬丙四方。均有水亮。

主人先曰。此地出神童。仲山曰。地局甲庚壬丙之方。

水開宕有光。天卦辰戌丑未四支。加臨於甲庚壬丙四干上。言出神童。非誑言也。運盤山上挨星是七為庚。向上挨星是八為丑。山上飛星。二到山為未。三到向為甲。九到庚為丙。七入中為庚。向上飛星。三到向為甲。四到山為辰。六到庚為戌。一到甲為壬。故已辰戌丑未四支。加臨於甲庚壬丙四干之上也。

沈註。寶照云。甲庚壬丙最為榮。下後兒孫出神童。又云。穴要窩鉗脉到宮。此地平洋開窩。又得甲庚壬丙水亮。合寶照之法。況天卦向得旺向。又丑甲俱到山上。庚未辰俱到。震方壬甲到。兌方戌丙庚俱到。一氣清純。出神童何疑乎。

某姓祖墓　巳山亥向　三運扦

巳山　　田水

一三 二	六八 七	八一 九
九二 一	二四 三	四六 五
五七 六	七九 八	三五 四

田　　大河　亥向　水去

此地甲卯來龍轉巽巳入首。後明堂田水。從兌方到向。壬子癸方。有大河來穴前開宕。從戌乾消出。下砂環抱有情。唇下有缺。卯方一峯秀拔。朝山土屏開面。仲山曰。此局上山落水。葬下大房平平。

二房少丁。因震方有山。二房居於震位故也。山上飛星三到向曰下水。向上飛星三到山曰上山。三為震。故屬長房。一為坎。為中男。挨震。九為離。為中女。飛震。有山無水。故二房少丁。

六運改巽巳山亥向　沈註。巽後大旺財丁。因兩盤旺星雙六到向故也。但向上運星是七。旺星是六。七為口舌。六為官事。故主多訟。缺唇在兌。故出無唇之人。交七運財丁兩退。因向星入囚故。惟功名反能開科。秀才生貢不一其人。此因艮方是四。七運運星飛艮是一。未方是一。七運飛未是四。兩處得四一同宮。故發科名也。至八運則平平矣。

經姓祖墓　巳山亥向　三運折

巳山 一三 二	六八 七	八一 九
九二 一	二四 三	四六 五　水
五七 六 去法	七九 八 小河	三五 四 亥向

龍從巽巳方入首。白虎砂掬抱有情有力。走龍略窄。兌有水放光。坎方有小河橫過。艮方有小山塞水口。

仲山曰。此局三運葬後。大房不利。餘房平平。

沈註。大房不利者。因震卦上山下水故也。震爲長男。五六兩運。二房發財丁者。取兌方之水故也。兌方本六。應主長房。今發二房者。以此時長房已絶也。至七運多官訟者。艮方七六同宮。又有山故也。故至七八兩運。財氣大減。至九運。又當起色。因坎方是九。又有水映照也。

前墓于四運建碑修理明圖於後

巳山

四 四 三	八 九 八	六 二 一
五 三 二	三 五 四	一 七 六 　水
九 八 七	七 一 九	二 六 五

亥向　小河　去

沈云。此地於四運照原向建碑後。二房於六運大發財丁。長房大敗。此因向上飛星之四到山。四即巽。巽為長。且六白又飛到乾。犯伏吟。故主賊。二房於六運發財丁者。因山上飛星二到向。與六白同宮。故主發。七運財氣亦好。因兌方有水。七運多官訟。因兌方六七同宮。六為官事。七為口舌也。二房獨發者。因兌方之水是七。七為少也。八運平平者。艮方有山故也。此地本山顛水倒。主不吉而能發者。因龍真穴的。四運建碑之後。龍得旺龍。又向上飛星到山到向。四六合十故也。

孫中堂祖墓　子午兼壬丙　三運扦

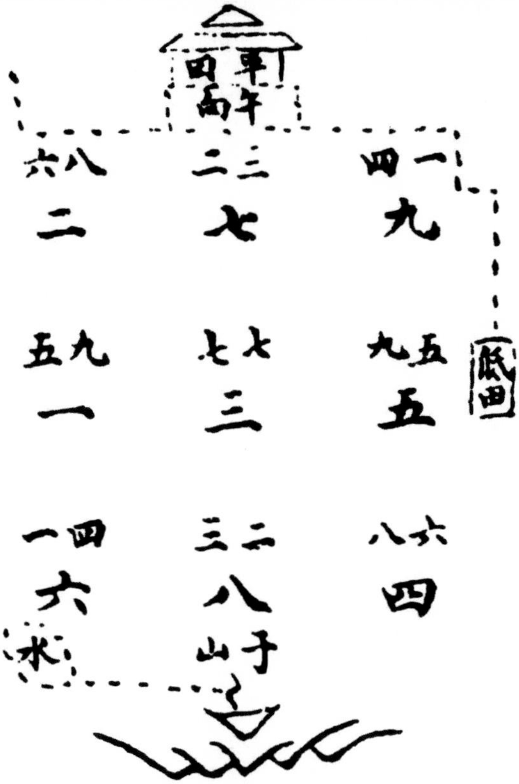

乾亥来龍轉坎入首。艮方有蕩。坤方有水。至曲至離方大闢洋。至巽方清出。兌方低田。結穴亦低田。

仲山曰。卯山卯向卯源水。合江西全局。初扦時必不能發。六運大發富貴。

沈註。此局向上旺星到向。山上用變卦。七入中順行。旺星到山。三即卯。所謂卯山卯向卯源水者。離方開大洋故也。況運與向合十為最吉。又艮方為一四。俱有水光照穴。安得不大發富貴耶。初扦時不發。必至六運大發者。蓋江西卦為地元。地元兼收貪狼。不當正運。傍他涵蓄力不專。故遲也。六運客星貪狼到向。水能生木。自然富貴驟興。非若他宮一卦乘時。催官暫發者之比矣。

嚴探花祖墓　辰山戌向　三運扦

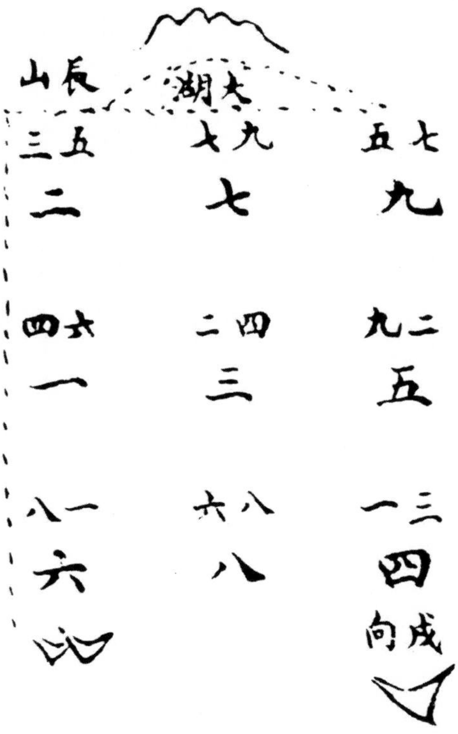

地由艮方高山雙峯落脈。出昏十餘丈。左右砂纍纍環抱。卯方水貼近。巽離坤三方大湖。湖外有山。乾方有峯。秀美挺拔。惟峯尖稍歪。

主人曰。葬此墳時。地師云。可惜狀元峯不正。他年必中探花郎。仲山曰。此地師之託詞耳。其實探花不開峰之歪。由挨星一四同宮。稍涉偏歪之故。主人問挨星何以偏斜。仲山笑而不答。

沈註。一四挨星偏斜。由運星之四到向。又以山上之一到向。不能以向上之一到向故也。

唐姓祖墓　甲山庚向　四運折

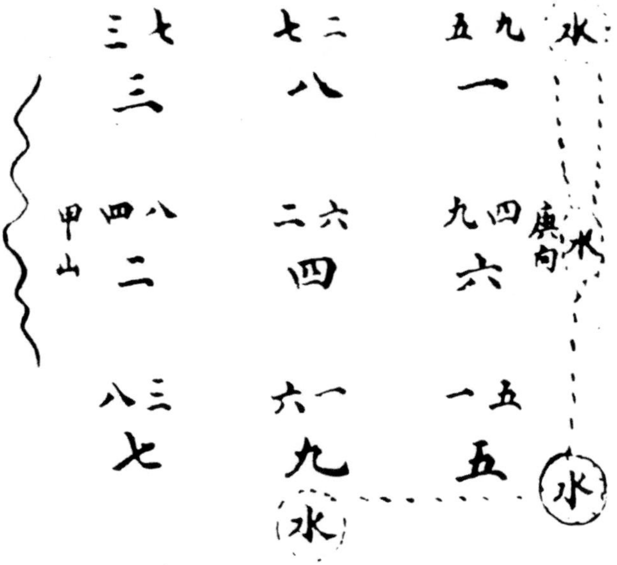

巽方大龍從震艮而去。寅甲方落脉結穴。左右兩砂環抱。內堂壬水。聚蓄如鏡。亥方停貯。戌乾方開洋。辛酉狹細。庚申方又開洋。仍從坤申轉至庚酉辛方。又開洋。再轉至坤申未方出大河。又開洋如鏡放光。

仲山曰此地齊整極矣。又於開洋處合得天卦旺神。豈有不大發財富乎。有言內堂壬水。主發科甲。財不到百萬不止者。不知功名以坐山定。以城門定。此地富有餘而貴次之。科甲之說。乃胡猜也。此地水流屈曲歸庫。又得開洋放光之妙。且水到水。山到山。故主大富。惜乎地運太短。一交六運。向星入中。退財傷丁。至九一兩運。又當起色。蓋九一兩方有水故也。

唐姓祖墓　申山寅向　四運折

龍從離方來。由坤入首。兌方有河。乾方有高屋。艮方有大河。水光照面。從震方消去。

		申山
二 八 三	六 三 八	四 一 一
三 九 二	一 七 四	八 五 六
七 四 七	五 二 九	九 六 五
寅向		

仲山曰。此俗所謂寅葬卯發地。六十年財丁兩旺之

局也一交下元主傷少年。兼多血證。財亦大退矣。主人曰。所言不謬。但地有三房。公位若何。仲山曰。長房財丁均少。葬時已然。至今不過如是。次小兩房大減色矣。主人問故。仲山曰。此理難言。可顯見者。西北方有高屋也。

沈註。寅葬卯發者。旺山旺向。且向上有大河放光照面。故主速發也。一交七運。傷丁退財。兼患血證者。因向星入囚。且中宮是七。一同宮。七運運星到向亦是一。向上一盤是七。亦七一同宮。七為少。一為血。向上大水。即變為血。故主傷丁退財。兼患血證也。長房不發者。因乾方本位是六。飛星到乾亦是六。己犯伏吟又高屋逼壓。故長房不能發也。不敗者何也。因向上旺星是四。山上旺星亦是四。四即巽。巽主長。故長房亦不爲敗也。向上所臨是七。出水方所臨是九。七爲少。九爲仲。故主次少兩房發。七運入囚。故兩房敗矣。

馮姓祖墓　未山丑向　四運扦

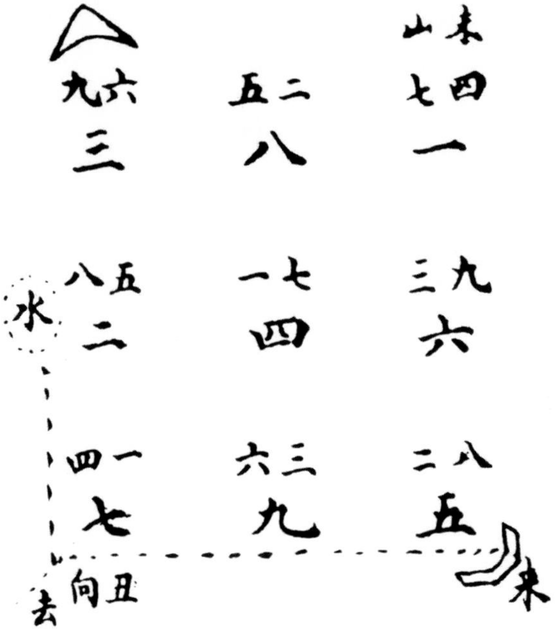

此地乾方有橋。水從橋口來。橫過壬子癸。至丑艮寅三叉而出。甲卯乙有大河。亦至丑艮寅方。合三叉消出。巽方有一高峯。

仲山曰。此墳葬後。初年不利。五運大發財丁。六運官訟不休。大敗。七運不可救矣。
沈註。初年不利者。因旺星到後故也。五運大發財丁者。因震方大河。五到震也。六運大敗官訟不休者。因巽方是六。閉塞不通。且官星高聳。故主官禍。至七運入囚。故不可救藥矣。

施姓祖墓　酉山卯向　四運丼

卯向				低田 酉山
	五一 三	一六 八	三八 一	
卯向	四九 二	六二 四	八四 六	低田 酉山
	九五 七	二七 九	七三 五	

此地墳後低田。兌方遠水從兌至乾坎艮震。至巽巳橋下消出。墳前有池。

仲山曰。此地山顛水倒。主不吉。因龍為旺龍。又中宮坐山均合十。故發財丁。惟寡婦代不能免。五七運好。
六運平。水出巽主發秀。
沈註。旺龍者。酉山運星是六。地盤是七。名比和。故旺向星到後。後有低田遠水。又得中宮四六合十。山上四六合十。故葬後大發財丁也。向上運星是二。中宮亦是二。二坤為寡宿。故代出寡婦三四人。推此地旁氣甚通。發必久遠。旺星到乾是五。艮方亦是五。均有水。故五運佳。六運平。平者。六到午。無水故也。坎乾是七而有水。故七運又佳。巽方一到。地盤是四。一四同宮。故秀才不斷。惜有橋相冲。不然。出科甲無疑矣。

錢姓祖墓　丁山癸向　四運扦

	丁山	
七一 三	三五 八	五三 二
水　六二 二	八九 四	一七 六
二六 七	四四 九	九八 五
	癸向	

仲山曰。此墳葬後漸漸起色。至六運。出醫生大興家

業。七八運平。九運主敗。且家門不潔。

沈註。葬後起色者。有甲卯乙方有水故也。六運出醫生起家者。因山上飛星六到震。震方有水。故大發。兩盤二黑到震。故主醫生發家也。七八運平者。向上飛星七到兌。八到乾。兩宮無水又無山故也。九運向星入囚。故主敗。向上四九為友。（四九為陰神）九運運星五黃到向。故主家門不潔。

談姓祖墓　壬山丙向　四運卄

高
低

丙向

八 九 三	四 四 八	六 二 一
七 一 二	九 八 四	二 六 六
三 五 七	五 三 九	一 七 五

壬山

此地木方有塔○坤申小水○兑乾略大而聚○至坎至艮而消○離方有高地○艮方有屋○

仲山曰○此地四房齊發○無偏枯○惟長房丁氣稍薄○

主人曰。丁氣不薄。時多損少年。

沈註。四房齊發者。孟仲叔季。卦理各得也。惟未方之塔。山上飛星是六到。六為乾屬長。艮方之屋山。上飛星是三到。三為震亦屬長。山上飛星四到向。曰下水。四為巽。亦屬長。故應長房損少年者。艮方地盤是七。七為少女有屋故損少年也。

鄭姓祖墓　乙山辛向　四運扦

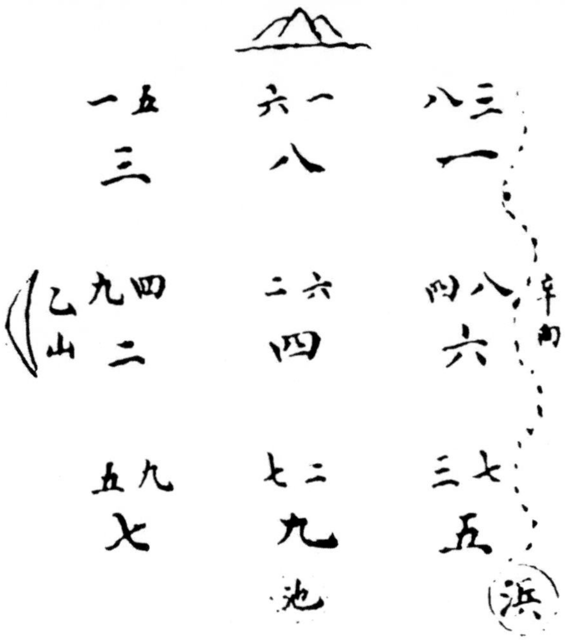

此地卯方大墩。乾方蘆蕩水。從兌坤屈曲而消。亥方有浜。坎方有池。離方有遠山。

仲山曰。此墳葬後。損丁出寡。交五運。財氣大利。六白即退現行兌運丁口可虞主人曰甲子乙丑連傷三男二女仲山曰以後還恐有損當於乾方栽竹掩之沈註此局以四入中六到向向不得時作衰向論二上山主出寡四入中亦損丁惟乾方之蘆蕩水有五到故一交五運財氣大利所謂他處有水光切近者較向尤重也一交六白即敗者六金剋巽木再以客星八到向安得不退財行兌運乾方之五去已久者為死是以損丁甲子太歲六入中八到向四到山為上山乙丑太歲七入中剋中宮巽木傷三男二女宜矣仲山云栽竹者蓋欲蔽七五之煞氣也

青城橋徐姓墓　乙山辛向　四運扦

辛向

一五 三	六一 八	八三 一
九四 二	二六 四	四八 六
五九 七	七二 九	三七 五

乙山

此地辰山轉甲入首。巽巳界水。兌方內明堂有水。戌乾亥大水。子癸大河。直長冲腰。外堂兌乾兩方大水。

仲山曰此墳扦後。財丁兩少。且長房多出孤寡悉驗。

沈註。此局犯上山下水。自然少丁財。巽氣失令。長房自然多孤寡。別處屢貫本有作五運排者。如果五運到山到向。財旺而丁亦旺。何謬云山臨五黃。主丁少也。且坎方直河冲腰四運中是二。五運中亦是二。坤為寡宿。亦為長房。四運木剋土。尤為確當。或云世世不斷寡婦。有補救法否。曰乙山辛向。三五七運當旺。一交旺運。可於原向建碑。自然丁財兩旺。且免孤寡之患矣。此本為嘉慶十八年仲山所手定。固真本也。

黃姓祖墓　癸山丁向　四運扦

低田
向丁

一七 三	五三 八	三五 一
二六 二	九八 四	七一 六
六二 七	四四 九	八九 五

癸山
高田

此地坎方高田落脈。面前低田。兌方有直水来。

仲山曰。扦後十餘年。財丁不利。長房尤甚。且犯血證。

一交七運。有服毒身死之人。
沈註。此局四綠上山。長房不利。兌方七一同到。血證不免。且兌方運星六白。水上一白。山上七赤。七逢九到兌。并將山上四綠帶來。木生火。火剋金。金爲石。即服砒霜之類。書云。我剋彼而竟遭其辱。因財帛以傷身。四九剋六金。是以服毒身死也。

趙姓祖墓　壬山丙向　四運扦

池

丙向

八九 三	四四 八	六二 一
七一 二	九八 四	二六 六
三五 七	五三 九	一七 五

壬山

此地龍從乾轉坎入首。左右兩砂環抱有情。龍氣穴前不見水。惟坤上有池圓亮放光。

仲山曰。扦後出老寡婦。交八運。應有書腐小兒。

沈註。此墳向上無明水。雖有旺星。不過平平。況坤上有池。天卦二剋地卦一。坤為寡宿。為老母。故出老寡也。八運向星入中。本不利。四為文曲。八為少男。以文曲木剋八白土。故出書腐小兒。此從向首斷也。

蔡姓祖墓　庚山甲向　五運扦

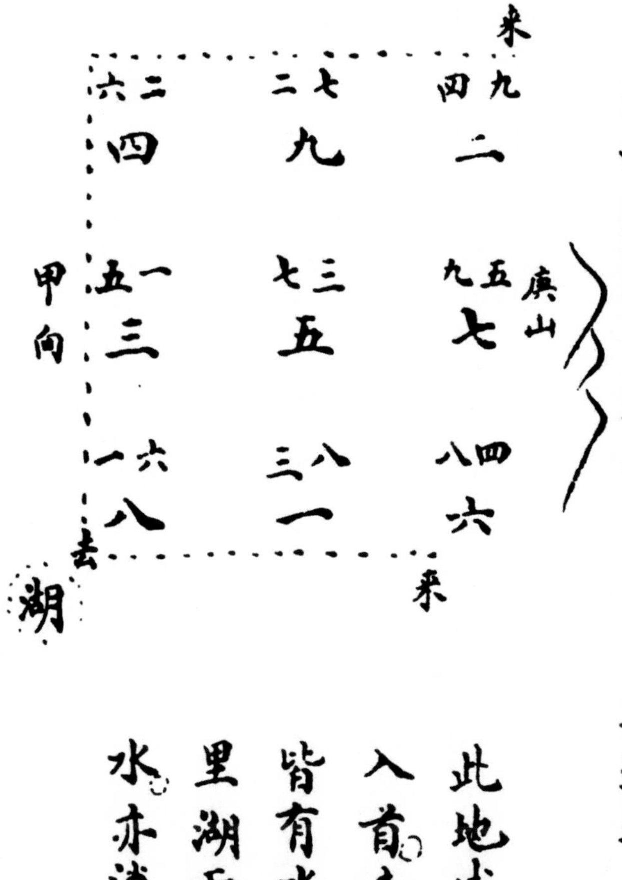

此地戌乾來龍轉庚入首。未午巽卯四方皆有水。消於艮方五里湖而出。坎方亦有水。亦消於五里湖。

仲山曰。此一白龍。配六白水。財貴兩全之地。然初扦不利。退財損丁。交六運。財漸旺。主人曰。財丁不知其詳。惟蔡培于戊辰己巳連捷發貴無疑矣。

沈註。此地上山下水。如何云財貴兩全。蓋獨取五里湖為城門。（運盤挨星八到艮。入中逆飛。五到艮。是為城門一吉。）艮方山上飛星是一到。為一白龍。向上飛星是六到。為六白水。所以主財貴也。七運客星七入中。一到艮。戊辰年太歲三碧入中。六到艮。四到乾。一到向。是一白重逢一白。六白重逢六白。己巳年太歲二入中。四到山。一到巽。九到向。故主連捷也。（按山向為四九為友。巽方為四一同宮。）

前墳六運附葬明圖於後

	九五 五	四九 一	二七 三	
甲向	一六 四	八四 六	六二 八	庚山
	五一 九	三八 二	七三 七	

仲山曰。六運附葬後。大發財丁。兼出科甲。

沈註。改葬後大發財丁者。所謂旺山旺向也。六白龍配一白水者。因龍從戌乾來。戌乾乃地盤之六。坐山乃旺星之六。皆為六白龍。五里湖放光是一。即為一白水。故云六白龍配一白水。主科甲也。戊辰己巳連捷者。一白加臨也。戊辰年坐太歲是四。吊照中宮之四。年白九紫入中。一白到乾。八月月白七赤入中。一白到五里湖。奎星加龍加水口。故中。所中之人。必壬戌或甲午命。因龍從戌乾來。戌犬也。乾馬也。一白加於戌乾上。故主壬戌甲午命也。己巳年坐太歲亦四。吊照中宮之四。年白八白入中。九紫到乾。一白到山。三月月白亦八白入中。九紫到乾。一白到山。故連捷也。

某姓墓　乙山辛向　五運扦

	八			
	四四 四	八三 九	六一 二	
乙山	五九 三	三七 五	一五 七	辛向 水
	九四 八	七二 一	二六 六	

巽龍轉甲入首。巽巳方界水。兌位有內堂水。子癸方有大河沖腰。戊乾大水。外堂乾兌兩宮大水。

仲山曰。此墳葬後。財氣漸旺。因乾兌兩宮有水山臨五黃主丁少。且坎方有直河冲腰。主出寡婦。坤爲母故也。主人曰。寡婦世世不絕。

沈註。此局葬後財漸旺者。得向上旺星。又有大水。故主財也。山上旺星是五。木主多丁。今云丁少者。因山上運盤是三。旺星是五。木剋土也。中宮亦犯此病。故主丁少。坎方直河冲腰。坎上是一。爲中男。向星飛到是二。土剋水也。二爲坤。爲寡宿。犯直河冲動。出寡婦。若無直河。雖二一同宮。無此害也。然此地一交七運。向星入中。必主敗矣。

徐姓祖墓　卯山酉向　五運扦

水	四八 四	八三 九	六一 二	
水 卯山	五九 三	三七 五	一五 七	酉向
水	九四 八	七二 一	二六 六	

此地離方有水。巽方水特大。艮方又有大水。卯方有水小池。兑方有山高而逼。

仲山曰。此地扦後。大主淫亂。主人曰。先生須看得真。

仲山曰。非此無可斷。主人默然。

沈註。此局葬後。主淫亂者。因兌方有山高而逼。旺氣不通。五為九離也。離為中女。主婦人掌權。乾為主。為夫。六到乾位。已犯伏吟。故家主不管閒事。主淫亂者。卯方池水是五九。艮方大水是四九。書云。陰人滿地。成羣。紅粉場中快樂。巽為長女。離為中女。均生慾大。故主淫亂也。

伊姓祖墓　癸山丁向　五運扞

此地巽方溪水來。從離橫過。至庚酉辛屈曲消出。巽方有節孝坊。

丁向

二一 四	六五 九	四三 二
三二 三	一九 五	八七 七
七六 八	五四 一	九八 六

癸山

仲山曰。此地葬後。大發財丁。惟無讀書人。六運平。七運又大發然多口舌官訟。

沈註。大發財丁者。因旺星到山到向。向上又有水故也。巽方本一四同宮。又有節孝坊高起。主發科名。因地卦二剋天卦一。故不出讀書人。六運平平。艮方無水故也。七運大發。因水屈曲出兌方也。七運多官訟者。七為兌。為口舌。又運盤到巽是六。六為官事。巽方節孝坊高起故也。此墳東首有穴相連。山向局運均同。葬後亦大發。惟啞二女一子。因伊姓墳塞于兌方。兌為口。為少女。故主二女啞。一子啞者。八到兌。八為艮。為少男。故一子啞。此毫釐千里落空亡之謂也。

華姓祖墓　癸山丁向　五運扦

	丁向	
二一 四	六五 九	四三 二
三二 三	一九 五	八七 七
七六 八	五四 一	九八 六
	癸山	

此地巽方來水至兌方屈曲而去。又巽方水外有尖秀之峯。

仲山曰、此局葬後。大發財丁科甲。七運大發刑名官。

沈註。發財丁者。旺星到山到向。向上又有水也。主科甲者。巽方四一同宮。又得水外尖峯之妙。雖二黑同到。不能害也。書云。一四同宮。準發科名之顯。六運平平。因艮方飛星是六。艮方無水故也。七運大發刑名宮。位至三品。因雙七臨於兌。而水又屈曲而去。此即城門一訣法耳。

某姓祖墓　癸山丁向　五運扦

丁向

二一 四	六五 九	四三 二
三二 三	一九 五	八七 七
七六 八	五四 一	九八 六

癸山

此地水從巽方來。至兌方消出。兌方有尖峯。

仲山曰。此墳葬後。主發財丁。惟兩女一子皆啞。

沈註。兩女一子啞者。因兌方有尖峯。兌為口舌。雙七臨兌。兌為少女。故主二女啞也。一子啞者。因八到艮。艮為少男。故主一子啞也。發財丁者。旺山旺向。向上有水故也。

周姓祖墓　壬山丙向　五運扦

此地坤方有水放光。

	丙向	（水）
九 八 四	五 四 九	七 六 二
八 七 三	一 九 五	三 二 七
四 三 八	六 五 一	二 一 六
	壬山	

仲山曰。此地初葬不利。六運大發丁財。八運長房敗。

沈註。初葬不利者。上山下水故也。交六運丁財兩旺者。以坤方有水放光。坤方是六。故主六運旺也。一交八運。長房不添丁。財亦敗矣。八運向上飛星七到丙。七赤金尅四綠木。四為長女。故應長房。爾時長房尚有一子。至道光七年丁亥。二黑入中。六白太歲到向。金尅木。故長房之子。出瘄而亡。

餘姚徐姓祖墓　丑山未向　五運扦

此地乾方有水。巽方有一紅廟。

三 九 四	七 四 九	未 向 五 二 二
四 一 三	二 八 五	九 六 七
八 五 八 丑 山	六 三 一	一 七 六 水

錢緼巖曰。此墳葬後。富貴兩發。六運中鄉榜五人。出

一神童年十五中進士。十九歲吐血而亡。現交八運。長房淫亂。今科名已無。財氣甚大。

沈註。此局大發財丁者。旺山旺向。且中宮是五。向上是五。山上又是五。山向合十。與中宮亦合十故也。發科甲者。乾方開宕之水。一六同宮。巽方又四九為友也。中五入者。山上旺星是五故也。吐血而亡者。紅廟高聳也。八運無功名者。八白上山。艮方無一四也。八運長房淫亂者。巽為木。為長女。故應長房。巽方有九。九為慾火。且有三。為長男。為賊星。以慾火之女。與賊星之男同居。能免無淫亂耶。財氣旺者。合十故也。合十五

陳餘六祖墓　乙山辛向　六運扦

	三 七 五	八 三 一	一 五 三	
乙山	二 六 四	四 八 六	六 一 八	辛向
	七 二 九	九 四 二	五 九 七	

戌乾亥、有浜水。至庚酉辛闊大。坤申消出。艮方另插一浜。直射穴後。

仲山曰。此等山向凶多吉少。主人曰。葬後、六百餘畝田。一敗如灰。寡居五六人。仲山曰。上山下水。其禍安得不如此。

沈註。此局艮方一浜射入。到艮之星是二七。二為寡宿。七為少女。且山上六白為男。男以落水。故主傷男而出寡也。來水去水向首並剋。蓋向上是一。來水是九。為水剋火。向上是一。去水是五。五為廉貞作大論。亦水剋火。飛星又上山下水。故葬後一敗如灰也。然此地必無氣。如有氣之地。雖財丁兩敗。而功名可許。因乾兌兩方有水。一為魁星。九為文明。雖剋無礙也。

鄭姓祖墓　癸山丁向　六運扦

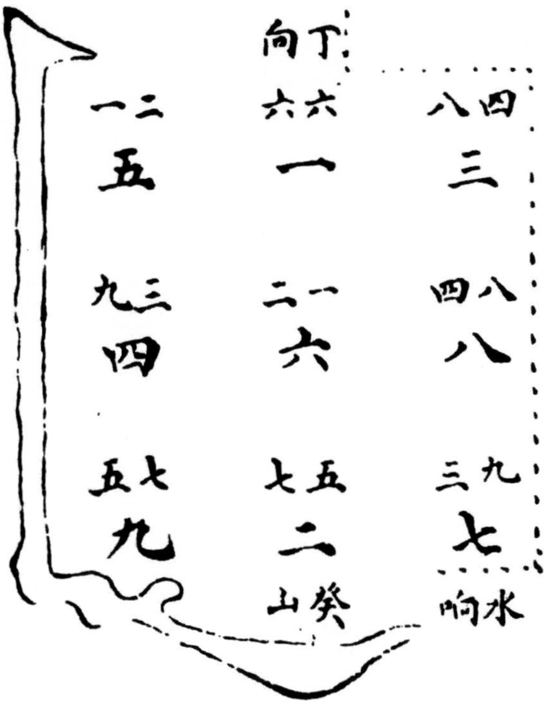

此地由癸丑艮高山出脉。乾上澗水聲响。從兑坤流至離方。艮方拖出一條山岡。卯方低。至巽方高起。

仲山曰。此地初葬時。有旺星照穴。離方有水。尚屬平順一交下元甲子。損丁作賊且犯血證。蓋損丁者。廉貞並臨。作賊者。破軍失陷故也。

沈註。此局初葬順利者。旺星到向。午方有水也。七赤氣不通。又有拖出一條穿砂。故交下元甲子。主作賊。坐山上亦是七到。作賊者定是本家。坐山上二五交加。又五七同宮。乾上七九同宮。七為口。離火色紅。故主吐血。況火剋金乎。然此地交八九兩運。應順利。因乾兌兩宮有水也。但盜禍終不能免。因艮方有穿砂。形不美故也。

周姓祖墓　壬丙兼亥巳　六運扦

丙向

高田		低田
三一 五	七六 一	五八 三
四九 四	二二 六	九四 八
八五 九	六七 二	一三 七

壬山

龍從坎方低山。穿田至河口。兌方有低田界清脉氣。坤方有支水来堂。未方亦有一支水暗来不見。穴前只見長巽巳三位高田。不見水光。坎方有河開宕。由震消艮。

仲山曰。此地惜前朝遠而不秀。巽方水未能闡亮放光。否則為狀元地也。今狀元峯不秀特。貪狼方又無水。富而已矣。恐小功名亦難得。其言悉符。

沈註。此局壬丙兼亥巳。用坤壬乙法。言向上飛星為一即壬。壬換巨門。不用一而用二入中。替卦法也。向上得一六八。山上亦得一六八。故仲山許為狀元地也。然巽方一白。是高田而無水。狀元峯即朝山。遠而不秀。故言小功名亦無。有僅得富而已。若朝山一秀。巽方有水放光。此即六白秀峯。配一白水。有不中狀元者哉。

胡姓祖墓　午山子向　六運扦

午山

二一 五	六六 一	四八 三
三九 四	一二 六	八四 八
七五 九 来	五七 二	九三 七 去　来

離方有高山。乾方有石橋。艮方亦有石橋。乾方来水。艮方来水。至亥方消去。

仲山曰。此局葬後傷丁。祖業敗盡。

沈註。此局旺星到高山。乾方來水石橋是三七九。向上是二五七。艮方石橋是五七九。雖山上旺星到山。不旺人丁而反損丁何也。因乾艮坎三方大凶故也。此可參山旺人丁之活法。

陳姓祖墓　庚山甲向　六運扦

	九五 五	四九 一	二七 三	
甲向	一六 四	八四 六	六二 八	庚山
	五一 九	三八 二	七三 七	

仲山曰。此局寅峯獨高。艮宮見水。讀書之聲。三元不

絕。（按此局旺山旺向。向首一四同宮。全局合十故也。）現行八運。少丁少財。且主出賊。

沈註。寅峯高起。探頭在陰位。本家應出一賊。其應在二房。以坎為中男。離為中女故也。（按八運挨星二到寅。山上飛星四到寅。皆陰位也。）

孫姓祖墓　癸山丁向　六運扦

	丁向	
一二 五	六六 一	八四 三
九三 四	二一 六	四八 八
五七 九	七五 二	三九 七
	癸山	

此地午方有壩水响。從未坤申轉庚酉辛闊大。至辛戌方消去。

仲山曰。葬後財丁大旺。惟子孫多頭眩病。七運平。八運財更旺。

沈註。葬後旺丁財者。因雙六到向。向上有逆水故也。山到向上為下水。然雙六為比和。故下亦旺也。子孫多頭脏病者。因向上旺星是六。六為乾為首。壩水响動。故主頭脏。且山上龍神下水。亦主外證也。坤上之水是四木。兌方大水是八四。七金剋四木。我剋者為財。又土生金。故大旺財也。七運平平。艮方無水故也。八運財更大者。兌方有大水也。

金姓祖墓　巽山乾向　六運扦

巽山

四八 五	九三 一	二一 三
三九 四	五七 六	七五 八
八四 九	一二 二	六六 七

乾向　水

河浜

浜。

此地来龍由巽入穴。向上湖水如鏡。坤方有水。兌方有遠水来合。出于坎震方有河

仲山曰。此墳主發丁財。兼有秀。只坤上之水。天卦受

剋。主損男丁。主人問何房承當。仲山曰。房房沾着。蓋由挨星地卦二。剋天卦一故也。

沈註。此為財丁秀之局。向得旺向財也。向上亦添丁。故主財丁。六白為官星。故主秀。兌方遠水來。兌是五。有水來。地之力反悠久。即七赤運亦不忌其入中矣。坤方地卦是二。天卦是一。謂之下剋上。水被土制。此方又有水。故主損丁。況坎方亦是一二。巽四上山。安得不房房沾着乎。按山上飛星六到向。曰下水。主傷丁。雙六到乾向。犯反伏吟。故有此。巽四上山。亦犯反伏吟也。

徐姓祖墓　癸山丁向　六運附葬

丁向

一二 五	六六 一	八四 三
九三 四	二一 六	四八 八
五七 九	七五 二	三九 七

癸山

此地坎龍三台落脈。未坤方有水。流入離方。離方有湖。穴前不見湖面。其湖收小如鏡。

仲山曰。此墳四運葬後。大敗財源。六運用原向附葬。

發科甲。四運葬而敗者。不得其時。吉地亦凶。由退神管向也。六運葬而發者。由進神管向也。按四運運星八到向。四木剋八土。故為退神。六運運星一到向。六金生一水。故為進神。

沈註。四運中立此向。雖形巒甚美。而水裏龍神上山。故大敗財源。六運附葬。旺星到向。向上之湖。又得一六同宮。天玉云。紫微同八武。祕旨云。驅車朝北闕。時聞丹詔頻來。所以發科甲也。按紫微為亥六。八武為壬一。即一六同宮也。山上飛星六到向。為下水。有一六之吉徵而凶亦不應。乾六為車馬。壬一為北闕。丹綸頻來。亦一六之應也。

鄭姓祖墓　戌山辰向　七運扦

辰向

九七 六	四二 二	二九 四
一八 五	八六 七	六四 九
五三 一	三一 三	七五 八

戌山

此地龍從離方屈曲而來。由乾入首。內堂水從癸丑方來。外堂辰巽巳甲卯乙方水甚大。由艮至坎消出。

仲山曰。此小財丁地。綿遠不敗。但子孫必有折足者。

尤發。主人曰。然。自明迄今大發。清初以來。子孫中代代出一跳子。俗呼為跳子墳。

沈註。此局旺星到山到向。故主丁財綿遠不敗。向上旺星是六。若到囚時。須得一百八十年。故言綿遠也。小財丁者。巒頭形局不大也。子孫出跳足尤發者。因艮方出水處。水去形如跳足。故出跳子。尤發者。水大也。飛星到艮是三。三即震。震為足。更加其形如是。故主足疾無疑矣。

慈谿俞姓祖墓　子山午向　七運扦

此地平田龍。從子癸方來。乾坤艮巽四維之方均有水。

水	向午	水
四一 六	八六 二	六八 四
五九 五	三二 七	一四 九
九五 一	七七 三	二三 八
水	子山	水

錢韞巖曰。此地主餓死。後果以中風不得食餓十餘

日而死。家業亦蕭條。

沈註。前有陳姓墳。扦於二運。亦四維之方皆有水。惟水外有山。坐朝與此相同。葬後出名儒巨富。此地亦四維之方有水。特水外無山。致餓死者。彼係旺龍旺向。四方配合有情。此局是衰向。全無生氣入門。且向首運星是二。二為坤為腹。向星是六。六為乾為頭。頭腹皆無生氣。所以餓死。此與陳氏一局。所謂吉凶不同斷也。

王御史祖墓　丁山癸向　七運扦

丁山

一四 六	六八 二	八六 四
九五 五	二三 七	四一 九
五九 一	七七 三	三二 八

癸向

此地離方高山貼身。出脉起墩。坤方低巽。震澗水流至坎艮聚消。無朝案。

仲山曰。此地葬後。有財無貴。得六十年旺氣。出御史非此地也。

沈註。此局兩盤七到向。財自旺矣。八運本屬不通氣。而山上龍神已下水。故不主凶而反吉。九運艮方有水。仲山故云。得六十年旺氣也。不發御史者。因坐後無好峯。朝山無峯。八方又無秀挺之峯。故主富而不貴。發衛史當別有墳耳。

馬姓祖墓　辰山戌向　七運扦

辰山 七九 六	二四 二	九二 四
八一 五	六八 七	四六 九
三五 一	一三 三	五七 二 戌向 水

此地龍從卯乙方轉巽入首離方山活石巉巖至坤兌轉至乾方作朝案案外飛巖不龍穴前有水

仲山曰此墳葬後吉不拋凶初運財氣順利至壬申

年雖免傷丁。現行艮運。財丁兩衰。乙未年主有官訟。丁酉亦然。主人曰。然。

沈註。初運順利者。旺星到向。向上又有水也。然形巒巉巖。故吉不抵凶。且運又甚短。壬申年。太歲八白入中。九到向。山上之九。移於向上。故損丁。況案外朝山斜飛不靜。八交八運。向星入中。乙未年官訟者。太歲三碧入中。七到離。離方巉巖。故主訟。丁酉年太歲一白入中。七到坤。坤亦巉巖。故又訟也。

某姓墓　辰戌兼巽乾　八運扦

辰山

六八 七	二四 三	四六 五
五七 六	七九 八	九二 一
一三 二	三五 四	八一 九

戌向　水

此地龍從辰巽來。辰巳方有高峯。戌乾方有大水放光。

仲山曰。此局上山下水。主凶。且龍運已死。立戌向龍神交戰。主出大盜滅族。
沈註。辰巽巳龍。八運已死者。巽方是木。八運到巽是七。犯金剋木。故云死龍。八運立戌向。向星到辰是八。巽木又來剋土。龍神交戰已極。此地當出大盜滅族、之人。因辰為天罡。戌為地煞。故交一運。必出凶惡之徒。因一到向上。大水故也。至二三運。即犯滅族之禍矣。若坐下無山。向上無大水。只主斬絞徒流。斷不至於滅族耳。

鄒狀元祖墓　卯山酉向　九運扦

八一 八	三六 四	一八 六
九九 七	七二 九	五四 二
四五 三	二七 五	六三 一

卯山　酉向

此地卯方高山尖頂落脉。蛸細又聳尖頂。仍落脉生石鉗。鉗前生土墩。緊靠墩葬。儼如圈椅。上降軟砂數層作內襯。乾峯遠出十餘里。堂氣寬大。兑方河水十餘里。屈曲來朝。

仲山曰。獨取乾峯發貴。向上之水。坐下之山。形局雖甚美。恐財丁不大旺。此不得時之故也。

沈註。有此美地。使得運得局。定當大發。惜不得其時。但取乾峯發貴而已。可見單講巒頭者。如不得時。吉地大減力量。乾方一六同宗。又三碧木亦主功名。故四運內發鼎甲也。

許姓祖墓　丁山癸向　九運扦

此地平洋午龍入首。左低田。右河浜。前大湖。

水	平田 丁山	低田
三 六 八	八 一 四	一 八 六
二 七 七	四 五 九	六 三 二
七 二 三	九 九 五	五 四 一
	癸向	
	大湖	

仲山曰。敗丁敗財。因向上湖水受煞也。

沈註。前鄒姓之墳。因旺星不到向。大減力量。此局旺星到向。乃云敗丁敗財者何也。蓋九運最難取裁。向上無水。固屬不美。向水太旺。火光越盛。亦不宜。況兌方三碧木生火。震方七赤火比和。火會聚助。向首火愈熾矣。此可為但知旺星者戒也。　九紫運往往雙到向。不能到山。大抵山上一盤取二黑八白龍入首。向上之水。取田源渠溝。或狹河小港亦可。一白方不通氣。固屬不可。一白方水大。亦嫌水剋火。總之不宜見大水為是耳。

陽宅秘斷 計十七條

無錫章仲山原著　錢唐沈竹礽詳註

陶姓宅　丑山未向　五運造

向未　水

九三 四	四七 九	二五 二
一四 三	八二 五	六九 七　水
五八 八	三六 一	七一 六

山丑

向上有破屋并水。門開巽方。門前有三义水口。兌方有水。至巽方門前聚消。

此屋住後。財丁頗好。旺星到向也。至六七兩運。病人常見女鬼。因向上有參差之樓故也。

某宅　子午兼癸丁　五運造

午向

二一 四	六五 九	四三 二
三二 三	一九 五	八七 七（暗探）
七六 八	五四 一	九八 六

子山

此宅兌方有暗探。七運見鬼。八運已消。可見暗探必主出鬼。不必拘定二黑為鬼也。

此屋住後出寡婦中年以上人丁尅死因坤土尅坎
水故也此從屋向斷不從門向斷也

某宅　壬丙兼亥巳　五運造

丙向

一六 四	六二 九	八四 二
九五 三	二七 五	四九 七
五一 八	七三 一	三八 六

壬山

此局用變卦。故七二入
中。挨到山之一為壬。壬
挨二巨。到向之九為
丙。丙挨七破。故山向飛
星。不用一九而用二七
此用替卦
之法也。

此屋住後。寡婦當家。如夫人主政。因二爲寡宿。七五入中宮。七爲少女。故主如夫人主家政也。

某宅　辛乙兼戌辰　五運造

	八三 四	三七 九	一五 二	
乙向	九四 三	七二 五	五九 七	辛山
	四八 八	二六 一	六一 六	

路

此局用變卦。故二七入中。按向上挨星為三。三即乙。乙挨巨。故飛星不用三而用二入中。亦用替卦法也。

此屋住後多女少男。連産八九女。只生一男。坎方有路。如夫人生者聰明。正配生者愚魯。因一六到坎故也。生女者。氣衰也。即陽卦六生女故也。

某宅　子山午向兼癸丁　六運造

午向

一二 五	六六 一	八四 三
九三 四	二一 六	四八 八
五七 九	七五 二	三九 七

子山

此屋財氣大旺。丁氣亦佳。因旺星到向。向上有水也。然辰巽方是一二。墻外有墳。左邊當出一書腐。未坤方有屋。門臨於四八之位。右邊亦出一書腐。因一為魁星。四為文昌。皆被土壓故也。若無墳屋。不過出讀書之人耳。

某宅　子山午向　六運造

午向

一二 五	六六 一	八四 三
九三 四	二一 六	四八 八
五七 九	七五 二	三九 七

子山

此宅對宮有屋尖冲射。中子當家。因坎入中宮。坎為中男也。然屢被官府暗算。以雖屬旺向。因有鄰屋冲射。向上是六。六為官星故也。

某宅　子午兼壬丙　六運造

	向午	
一二 五	六六 一	八四 三
九三 四	二一 六	四八 八
五七 九	七五 二	三九 七
	子山	

此宅向得六白雙乾到向。乾為陽首。坐子向午。為地畫八卦之坎宅。陽六為坎宅生氣。金生水也。且合紫微八武同到之妙。便門開震巽方。進內屋。巽方二黑為孤陰。為坎宅之難神。坎宅水也。水被土剋。故為難神。再見一白同在巽宮。土剋水也。一

為魁星。主出讀書人。今受土剋。故讀書將成而病生水虧之證。恐夭天年。　此宅內戶門。宜離兌艮三方為合。因離得六白旺氣也。艮得七赤生氣也。兌得八白生氣也。次走坤路亦妥。四綠門。四為文昌。切忌走巽門路。巽方是二。主病符。且剋坎宅。竈為一家之主。此宅竈宜在震方。火門宜向酉。木生火。火生土也。又宜在兌方。火門向震。火生土。木生火也。又宜在坤方。火門向坎。木生火。火生土也。但巽方是宅之病符。坎方是宅之五黃。均宜避。如火門向艮。是火剋兌金。主口舌。有肺病血證。如離方。名火燒天。主出逆子。書此以通諸宅之法。

會稽任宅　子午兼壬丙　七運造

	午向	
四一 六	八六 二	六八 四
五九 五	三二 七	一四 九
九五 一	七七 三	二三 八
	子山	

此宅前面地高。後有大河。乾坎艮方均現水光。後有大槐。照水一片綠色。屋內多陰暗。

住此屋者。財丁兩旺。因雙七到後。後有大河故也。然屋內有身穿綠衣之女鬼。至申時出現。因雙七到坎。

七為兌。為少女也。二黑到乾。二為坤母。五黃到艮。為廉貞。即九離。為中女。五黃又為五鬼。此三方皆有大河水放光。合坐下之七。即陰神滿地成羣。故主出女鬼。於申時出現者。以坎為陰卦。申乃陰時也。穿綠者。因槐映水作綠色也。且屋陰暗。故鬼棲焉。

八運初。錢薪巖於未方為開一門。至今鬼不現矣。因未方得八白旺星。艮方變為二黑。五鬼已化。故無鬼也。此乃一貴當權。衆邪并服之謂耳。

會稽章宅　子午兼癸丁　七運造

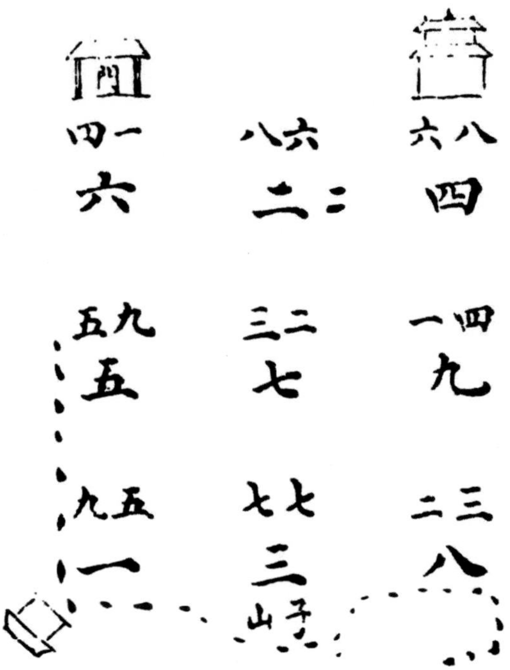

此宅運星到後。定主財丁兩旺。雙七臨坎。至八運。財大退。以坤方無水。且有高樓壓塞。名為上山故也。又有官訟不休。以六到坤。六為官星也。此宅若兩家合住。書云。一到分房宅氣移。一門換作兩門推。左邊所住之人。

居一五之位。是衰方。八運上山。定主蕭索。右邊所住之人。是八位。雖係上山。地盤尚旺。較左邊之財大有高下。然總不吉耳。門開一四之方。書香是好。兌方所住之人。一四同宮。定主采芹。屋後之河。乾方有蹺足之象。且居于乾之三。三為震為足。住乾方屋者。必出一蹺足。左邊所住丑方之人。必出一瞽女。因丑方九五同宮。且有門屋塞壓。九為離為目。五為土。目中有土。故主瞽。書云。離位傷殘而目瞎也。左屋之竈建於震方。震九位火。門向午。午即六。定主父子不睦。書所云火燒天也。然無罵父之兒者。形局無張牙之狀耳。

胡宅　甲山庚向　七運造

	四八 六	九四 二	二六 四	
甲山	三七 五	五九 七	七二 九	庚向
	八三 一	一五 三	六一 八	

此宅丁方有一條直路而進。山顛水倒。本主不吉。且離方門前有直路冲進。又是二四同宮。定主姑媳不睦。書云。風行地而硬直難當。定有欺姑之婦。姑受欺不至氣結而死者。以門上有九到。火能生土故也。

某宅　申寅兼坤艮　七運造

		山 申
三 二 六	八 六 二	一 四 四
二 三 五	四 七 七	六 八 九
七 七 一 向 寅	九 五 三	五 九 八

此屋住後。財氣頗佳。然巽方有高樓冲射。必有一老寡婦爭田涉訟。因六為官星。二為寡宿。又為田土故也。又有少女喜中男。少女伴一中男也。因向上雙七。七為少女。又向上有一到。一為中男故也。

張村丁宅　子午兼癸丁　七運造

路　門

午向

四 一 六	六 六 二	六 八 四
五 九 五	三 二 七	一 四 九
九 五 一	七 七 三	二 三 八

子山

此宅門開巽方。前有直路闗大。從午方引入。

此屋向星上山。後無水。本主不吉。門開巽方。本一四同宮。主發科名。因路氣直冲。為水木漂流之象。四為長女。故主婦人貪淫。路從午方引入。直進到門。主外人進來。來者必一光頭和尚。因向上之六。在於離方。頭被火燒。故主光頭。入於四一之門。與婦人交接也。且巽為僧。故主來者為和尚。然此門前必有抱肩砂。否則無此病也。

許宅　子午兼癸丁　七運造

路

門	午向	
四一	八六	六八
六	二	四
五九	三二	一四
五	七	九
九五	七七	二三
一	三	八
	子山	

路

屋後有河。巽方開門。路從艮至震至巽。引入門中。

此屋住後。財丁兩旺。因旺星到後。後有河水故也。門開巽方。乃一四同宮。準發科名。且向上是六。巽方運盤亦是六。六為首。且六與四合十。又一與六同宮。當為案首。故孟仲兩人。均考案首而入泮。進氣艮震兩方之路。均犯九五同宮。故出瞽目之人。

湖塘下陳宅　亥山巳向　八運進

巳向		亥山
一 一 八 七	六 五 三 三	八 三 一 五
九 二 九 六	二 九 七 八	四 七 五 一
五 六 四 二 門 水	七 四 二 四	三 八 六 九 亥山 ▽▽▽ 窰

屋後有窰三座。在戌乾亥方。巳方照墻。寅方開大門。門前有大湖放光。又有路直冲寅向。

此屋住後。家主即吐血而亡。因乾方六九同宮。犯大剋金。又有三窰火光透錟。真火又來剋金。離色赤。乾為主。故家主吐血而亡也。寅方門二四同宮。二為姑。四為媳。又有直路冲門。門前大水為五黃。故主姑媳不睦而致訟。以六到艮宮。六為官事也。次子病後而啞。以巽為風為聲。寅門四二五同宮。土塞聲上。故主失音。中宮七二九同宮。書云。陰神滿地成羣。紅粉場中快樂。故主姑媳不潔也。

此宅若開門向丑。八白旺星到門。主二十年吉利。斷無諸患。所謂一貴當權耳。

東溪周宅　酉卯山兼辛乙　八運造

	二 五 七	六 一 三	四 三 五		
卯向	三 四 六	一 六 八	八 八 一	酉山	(井)
	七 九 二	五 二 四	九 七 九		

此宅坐後。辛方有井。作書房。於道光乙未丙申兩年。先生打死兩學生。均頭上受傷而死。

此屋旺星到山。本主不吉。向上運星之六入中。已洩中宮之土。乾六為首。為師長。巽四為木。為教令。向上三四六同宮。故首上加木。中宮八六一同宮。故少男頭上有血。辛方之井雙八到。八為少男。井在運盤之坎。坎為血。必待乙未丙申年應者。乙未三碧入中。中宮首上加木也。五黃到井。五為大煞。書云。五黃到處不留情。一白到處。一為坎。為血。向上是六。頭已出血。故主打死。打死之月。必是二月。四入中。中宮頭上重加木也。六白到井。頭上見血。二黑到向。太歲臨向也。所傷之人。必肖虎者。丙申年四綠到井。二黑入中。太歲臨中宮。四到井上。木剋土也。然必是二月。一入中宮。頭上見血。傷者必肖牛也。

某宅　未山丑向　八運造

未山

六 三 七	一 七 三	八 五 五
七 四 六	五 二 八	三 九 一
二 八 二	九 六 四	四 一 九

丑向

乾坎二方。有水放光。至丑方門前橫過。

此宅住後。丁財頗佳。因旺星到坐到向。向上有水故也。推嫌乾坎兩宮之水。皆四六九同宮。乾方本無六到。而地盤是六。故亦四六也。書曰。巽宮水路纏乾。主有懸梁之厄。故主屋內有一女人。身穿紅衣黑背心。坐而吊死。此因乾方地盤是六。六金也。金重故不能懸起。坐而吊死也。穿紅衣黑背心者。因九一同宮。九為離。離色紅。離中虛。落於坎位。坎色黑。且中滿。填補離中虛。故穿紅衣黑背心也。若六在上。四在下。即主懸吊矣。

甯波府基　癸丁兼丑未　八運修造

	丁向	
三三 七	八七 三	一五 五
二四 六	四二 八	六九 一
七八 二	九六 四	五一 九
	癸山	

此圖向上挨星爲三。三即乙。乙挨巨門。飛星不用三。而用二入中者。用替卦法也。

府基兼未。應用變卦。丁即乙。乙即巨門。乙陰逆行。二入中。七到向。八白運修造。用變卦。七到向。向上犯三七疊臨。主刦盜。故夷人來刦財也。未坤申方。雙五廉貞。與一白同宮。一水賊也。廉貞火也。庚酉辛方。離火燭焰。一六又在同宮。一為水賊。六為兵刃。故主海盜從西門而入。盡燒屋宇。戌乾亥方上加離。離上加廉貞。壬子癸方。六九同度。辰巽巳方。三七疊臨。丑艮寅方。亦二七同度。二為火星。七為兵刃。震方亦是風火同宮。故主滿城皆火賊也。

以上斷語。陰陽二宅。皆須心靈目巧。形氣兼觀。若拘拘呆法者。不足語於玄空之道也。但求地必先積德積善之家。須慎用之。

錢唐沈竹礽識

第三卷勘誤表

陰宅斷

第二葉下板第五行第十八十九合十二字係坐下

又　第六行第四又字係皆字

第十二葉上板末行第七字空係葬字

第十六葉下板第四行第十五艮字下方字上脱坤字

第十九葉上板圖下註第二行首字下兑字上脱坤字

第二十一葉上板圖下註第四行墳前有池句下脱甲卯方有水放光八字

第二十三葉上板圖下註第一行第三木字係末字

又　末行末字簿字係薄字

又　　下板第一行第七八簿時二字係簿特
第又二八葉下板第九行第十九運字係連
第二十九葉上板圖第三行第一八字誤增八字下四
字係八字
又　　下板第四行第十木字係本
第三十葉上板圖註第三行卯方有下誤增水字
又　　下板第四行第十五閑字係閒
第三十二葉上板第一行第一字華係華字
第三十六葉下板第四行第十四以字係已
第三十九葉上板圖中行下層脫子向二字
第四十六葉上板第一行第二衜字係御

又　下板末行第三衔字係御
第四十七葉上板圖第一行下七五二二字係八
又陽宅斷
第八葉下板第六行第二薪字係韞
第十一葉上板圖中行中層七四字係一四
第十二葉上板圖中行上層六六字係六八
第十五葉上板第一行第六卯字下誤增山字
第十七葉下板第三行第一燭字係獨

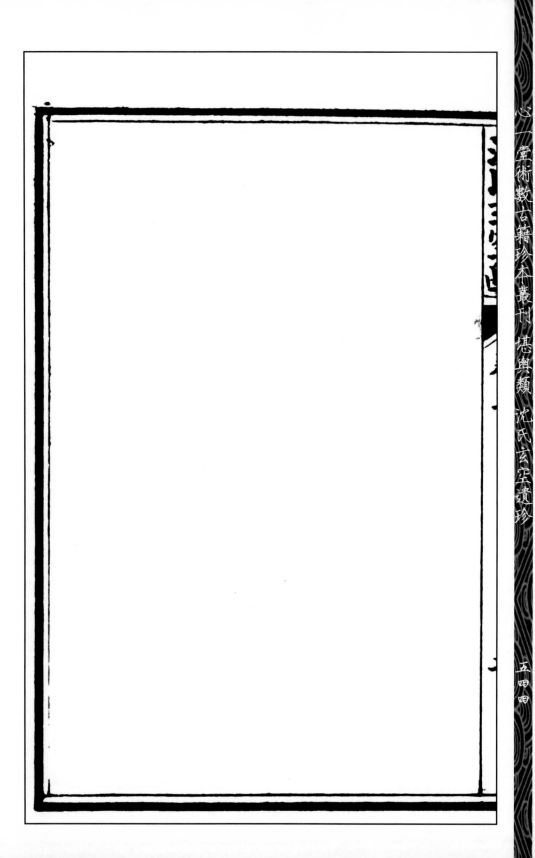

玄空古義目錄

說卦錄要

近人卦象多宗孟氏逸象雖多而不木氏周易指經生習焉於此篇則爾門不如江陵鄭石元氏所著讀易輯要淺釋為易解手錄此篇並變易體裁使人一目了然

丙戌夏沈竹礽識於上虞之福祈山下

☰乾健也（乾純陽動而不息）☷坤順也（坤純陰靜而從陽）☳震動也（震剛好進銳作上起）☴巽入也（巽柔始生潛伏上侵）☵坎陷也（坎一陽在陰中上下皆順必溺而陷之）☲離麗也（離一陰在陽中上下皆健必附而麗之）☶艮止也（艮一陽健極於上前無所往必止）☱兌說也（兌一陰順見於外情有所發必說）

此言八卦之性情

☰乾為馬 馬性健而不息其蹄圓乾象也

☷坤為牛 牛性順而載重其蹄圻坤象也

☳震為龍 震以奮動之身而靜息於重陰之下龍象也

☴巽為雞 巽以入伏之身而出聲於重陽之表雞象也

☵坎為豕 豕外質濁而心躁剛在內也

☲離為雉 雉外文明而性介陽明在外也

☶艮為狗 艮外剛能止物而內柔者狗也

☱兌為羊 兌外柔能悅羣而內很者羊也

此言遠取諸物

☰乾為首 首為眾陽所會圓而在上乾也

☷坤為腹 腹為眾陰所藏虛而有容坤也

☳震為足 一陽動於下足也

☴巽為股 陰圻而入於下股也

☵坎為耳 陽明在內猶耳之聰在內也兩旁暗而內一陽明能納言在內故為耳

☲離為目 陽明在外猶目之明在外

也陽白陰黑離之黑居中黑白分明目之象也☶艮為手動於上而握物艮止之象也☱兌為口口開於上而能言笑兌悅之象也

此言近取諸身

☰乾天也故稱乎父☷坤地也故稱乎母六子皆自乾坤而生故稱父母☳震一索而得男故謂之長男☴巽一索而得女故謂之長女索者陰陽相求也陽先求陰則陽入陰中而為男陰先求陽則陰入陽中而為女一索者初爻也☵坎再索而得男故謂之中男☲離再索而得女故謂之中女在中爻為再索☶艮三索而得男故謂之少男☱兌三索而得女故謂之少女在三爻為三索

此以八卦分父母男女一家之象也

☰乾為天 乾純陽在上故為天 為圜 天體圜而運轉不息為圜 為君 居上為萬物主為君 為父 萬物資始為父 為玉 色白而純粹無瑕為玉 為金 質堅而純剛能斷為金 為寒 為冰 後天乾居西北當戌亥之月其候水始冰地始凍故為寒為冰 為大赤 先天乾居正南大方故色為大赤 為良馬 純陽善走者馬也德莫尚者為良馬 為老馬 智莫尚為老馬 為瘠馬 骨莫尚為瘠馬健之最堅者也 為駁馬 力莫尚為駁馬健之最猛者也 為木果 圜而在上為木果天之大德曰生木上有果生氣之完也

荀九家有為龍為直為衣為言来氏補有為蒂為旋為知為富為鼎為戎為武邵氏補有為郊為野為虎

☷坤為地 純陰在下為地 為母 萬物資生為母 為布 地東西為經南北為緯中廣平而旁有邊幅故為布 為釜 容物熟物而能養物者釜也且六斗四升為釜坤包六十四卦故為釜也 為吝

嗇（陰主收斂故爲吝嗇）爲均（卦象平分而地無私載故爲均）爲子母牛（性順多孕生生相繼爲子母牛）爲大輿（形方能載重故爲大輿）爲文（奇爲質偶爲文三畫平分而成章也）爲衆（三畫斷而爲六畫六畫斷而爲十二畫故爲衆）爲柄（在下而承物於上爲柄坤持成物之權也）其於地也爲黑（極陰之色先天坤居正北故色爲黑）

荀九家有爲牝爲迷爲方爲囊爲裳爲黃爲帛爲漿

來氏補有爲朿爲小爲能爲明爲户爲敦邵氏補爲無

☳

震爲雷（震正東方二月之卦陽氣動于下爲雷）爲龍（神物動於淵爲龍）爲玄黃（乾坤始交兼有天地之氣爲玄黃）爲旉（陽氣始施爲旉）爲大塗（上二偶開張前無壅塞爲大塗）爲長子（一索而得爲長子）爲決躁（陽動決陰其進也銳爲決躁）爲蒼筤竹爲萑葦（東方之色蒼下苞上茂本實幹虛陽下陰上之象故爲蒼筤竹爲萑葦）其於馬也爲

善鳴上偶開張故於馬為善鳴為馵足爾雅馬左白曰馵震居左下一陽白又為足故為馵足
為作足兩足並舉曰作性動故為作足震為的顙上顙有白色曰的顙頭上旋毛如射之的故
為的顙其於稼也為反生子墜苗抽剛反而生於下故于稼為反生其究為健
為蕃鮮陽長終究必至于乾健故其究為健始勢而終必盛蕃育鮮明極言盛長之不可量震巽獨以
究言剛柔之始也
荀九家有為玉為鵠為鼓來氏補有為青為蹢為奮
為官為園為春耕為東為老為筐郤氏補為車為得

☴

巽為木巽入也物之善入者惟木無土不穿為風氣之善入者推風無物不被為長
女一索而得女為長女為繩直木曰曲直繩所以糾木之由者故為繩直為工引繩制木為工
為白先天巽居西南金方其色為白為長風行最長為高木升最高為進退為不

果陽性至果陰性多疑風行無常或東或西故為進退為不果為臭一陰伏于二陽之下氣鬱不散以風傳之故為臭其於人也為寡髮髮為血所生一陰入於下而未上行故其人為寡髮為廣顙陽氣獨上感為廣顙為多白眼陽白陰黑離之黑居中為目之正巽則二白在上一黑在下故為多白眼為近利市三倍後天離居正南巽居東南近離離為日中之市巽數三為利市三倍巽入而貪侵牟二陽故為近利市三倍其究為躁卦震為決躁巽錯即震其究長而上之後反必為躁卦也

荀九家有為楊為鸛来氏補有為後為魚為草茅為宮人為老婦郎氏補為瓜為潔為綠為床

☵坎為水坎一陽內明為水為溝瀆物陷則汙小者為溝大則為瀆為隱伏水由地中行為隱伏為矯揉矯直使曲揉曲使直陽欲直而陰欲曲有水流曲直之象故為矯揉為弓

輪（水激射如弓運轉如輪二物中勁皆矯揉而成故為弓輪）其於人也為加憂（陷而成險心危慮深於入為加憂）為心病（中滿而不虛靈為心病）為耳痛（坎為耳耳以虛為體一畫實於中為耳痛）為血（坎在天地為水在人身為血水周天地之血脈也）卦為赤（得乾中畫亦分乾之赤色但不大耳故為赤亦由血卦之色相承而言也）其於馬也為美脊（剛在中而兩陰旁分故於馬為美脊）為亟心（剛在內而躁為亟心）為下首（柔在上故首垂不昂）為薄蹄（柔在下故蹄薄不厚）為曳（陷而失健足行無力為曳）其於輿也為多眚（行險而勞卦象上下皆缺口故其輿為多眚）為通（上下皆虛流而不滯故通）為月（水之精為月）為盜（陽剛伏陰中而能陷入為資）其於木也為堅多心（陽剛在中則心堅實故於木為堅多心）

荀九家有為宮為律為可為棟為叢棘為狐為蒺藜為桎梏

來氏補有為沫為泥塗為孚為德為淫為北

為幽為浮為河邵氏補為鹿為金

☲離為火離麗也麗木而生為火為日火之精麗於天為日為電火之光麗於雲為電為中女再索而得女為中女為甲冑剛在外則外堅故為甲冑為戈兵火上炎則上銳為戈兵其於人也為大腹中空虛為大腹為乾卦火性躁為乾卦為鱉為蟹為蠃為蚌為龜外剛內柔象乎介虫離得坤中之黃其物介而有黃者為鱉為蟹形銳善麗且圓轉而上尖為蠃內虛含明為蚌文明含智為龜其於木也為科上槁木之中空者上必槁火虛上炎之象也

荀九家有為牝牛來氏補有為苦為朱為焚為泣為鼀為號為垣墉為不育為害邵氏補為卷為虎

☶艮為山一陽高出二陰之上而止其所為山為徑路一陽塞於外不通大塗與震相反為

徑路為小石堅而止於小山下為小石為門闕上畫相連下畫雙峙而虛故為門闕為果蓏得乾之上爻堅圓在上為果蓏為閽寺禁止人之出入者為閽寺為指人能止物者在指為狗畜能守物者為狗為鼠其剛在上如鼠剛在齒也為黔喙之屬黔黑色為鳥喙之黑色者其類不一其於木也為堅多節陽在上剛而不中故於木為堅多節

荀九家有為鼻為虎為狐來氏補有為林為握為終為宅廬為篤為章為尾部氏補有為喪

☱兌為澤坎水上入而下不淺為澤為少女三索而得女故為小女為巫以歡悅神為巫為口舌以言悅人為口舌兌為口為悅也為毀折兌為正秋八月萬木彫落其象上缺故為數折為附決柔附剛為附決其於地也為剛鹵流水甜而止水鹹兌澤止水凝而至堅為剛鹵為妾少女從嫡為妾為羊外悅內很為羊

荀九家有為輔頰為有常來氏補有為笑為食為跛為眇為西邵氏補有為虎為袄為金

此章言象必合正卦變卦錯卦綜卦互卦先後天八卦方位參觀之六十四卦中言象者皆不外此

先後天八卦取象

坎卦為水星為貪狼數為一白人為中男為酒徒為舟子為盜為淫為加憂為多眚為孚為鬼於德為敬為勞惻為疑為險為亂於身為耳為腎為血動物為豕為鼠為燕靜物為池塘為河海為泥塗為幽谷其性浮而蕩

坤卦為地星為巨門數為二黑人為老母為寡婦為女子為小人為吝嗇於德為智為安為甯於身為腹為脾為肉動物為牛為羊為猴靜物為塚墓為郊墟其性柔而靜

震卦為雷星為祿存數為三碧人為長男為秀士為官
為好爵為侯為里甲為言於德為決躁動物為龍為
狐為兔靜物為棟梁為園為陵為刑具其性動而直
巽卦為風星為文曲數為四綠人為長女為文人為婢
妾為富為官為工為近利市三倍於德為進退為損
於身為股肱為寡髮為廣顙為多白眼為氣動物為
雞為龍為蛇靜物為廟為藤蘿為繩索其性和而緩
乾卦為天星為武曲數為六白人為老父為賊盜為軍
吏為富於德為大為道為德為福祉慶祥於身為首
為項為肺為骨動物為馬為犬為豬靜物為鐘鼎為

玉為石為金其性剛而動

兑卦為澤星為破軍數為七赤人為少女為讒人為武人為倡優為巫祝於身為口舌為涎為毀折為毀為肦動物為羊為虎豹為鷄為鳥靜物為刀戟為斧鋤具性決而利

艮卦為山星為左輔數為八白人為少男為僮僕為樵豎為君子為損疾於身為手為指為背為鼻動物為狗為鼠為虎為牛靜物為園林為巖壑為門闕為宅廬為邱其性安而止

離卦為火星為右弼數為九紫人為中女為顯士為通

人於德為蓄為言為敬於身為目為心為三焦為大腹為不孕動物為雉為鹿為馬靜物為爐竈為燈燭為蘩其性燥而烈

八卦變六十四卦世次圖

乾為天本宮上世天風姤一世天山遯二世天地否三世風地觀四世
山地剝五世火地晉遊魂四世火天大有歸魂三世
震為雷本宮上世雷地豫一世雷水解二世雷風恆三世地風升四世
水風井五世澤風大過遊魂四世澤雷隨歸魂三世
坎為水本宮上世水澤節一世水雷屯二世水火既濟三世澤火革
四世雷火豐五世地火明夷遊魂四世地水師歸魂三世
艮為山本宮上世山火賁一世山天大畜二世山澤損三世火澤睽
四世天澤履五世風澤中孚遊魂四世風山漸歸魂三世
坤為地本宮上世地雷復一世地澤臨二世地天泰三世雷天大壯

四世澤天夬五世水天需遊魂四世水地比歸魂三世
巽為風本宮上世風天小畜一世風火家人二世風雷益三世天雷
无妄四世火雷噬嗑五世山雷頤遊魂四世山風蠱歸魂三世
離為火本宮上世火山旅一世火風鼎二世火水未濟三世山水蒙
四世風水渙五世天水訟遊魂四世天火同人歸魂三世
兌為澤本宮上世澤水困一世澤地萃二世澤山咸三世水山蹇四世
地山謙五世雷山小過遊魂四世雷澤歸妹歸魂三世

駱士鵬六十四卦論（此為收山出煞之用 錄自圖書發秘）

乾為天（運屬中元 甲辰甲寅）為金為陽為老父於身為骨為首為肺為上焦於數合西方四九配坎為天水訟（水吉山凶）配艮為天山遯（砂吉水凶）配震為天雷无妄（水吉山凶）配巽為天風姤（水吉山平）配離為天火同人（山龍上吉水凶）配坤為天地否（水吉砂凶）配兌為天澤履（山龍上吉水外）

坎為水（運屬上元 甲子甲戌）為陽為中男於身為耳為血為腎為寒於數合北方一六配艮為水山蹇（水吉砂平）配震為水雷屯（山龍上吉水凶）配巽為水風井（山龍上吉水凶）配離為水火既濟（向水兼收吉砂實凶）配坤為水地比（山龍吉水凶）配兌為水澤節

山次凶水吉配乾為水天需山次凶水吉

艮為山運屬下元甲申甲午為土為陽為少男於身為手指為首鼻背於數合中央五十配震為山雷頤水吉砂凶配巽為山風蠱水吉山凶配離為山火賁山龍上吉水凶配坤為山地剝水吉山凶配兌為山澤損水平山退配乾為山天大畜山平水次吉配坎為山水蒙水吉山凶

震為雷運屬上元甲辰甲寅為木為陽為長男於身為肝為足為髮為聲音為驚恐於數合東方三八配巽為雷風恆山龍上吉水凶配離為雷火豐砂次吉水吉配坤為雷地豫砂次吉沖則凶水次吉配兌為雷澤歸妹水吉砂凶配乾為雷天大壯水吉

砂凶配坎為雷水解山次吉水次凶配艮為雷山小過山次吉水吉

巽為風運屬中元甲子甲戌為木為陰為長女於身為股肱為氣為風疾於數合東方三八配離為風火家人水吉山凶配坤為風地觀砂退水次凶配兌為風澤中孚山龍上吉水凶配乾為風天小畜向水兼收吉水吉配坎為風水渙山平退共峯吉水吉配艮為風山漸山水均次吉配震為風雷益山吉水凶

離為火運屬下元甲艮甲寅為陰為中女於身為心為目為熱於數合南方二七配坤為火地晉山龍平吉水吉配兌為火澤睽砂平吉水次凶配乾為火天大有砂秀吉水次凶配坎為火水未濟山向兼收吉水吉配艮為火山旅山退次吉水次吉配震為火雷

噬嗑 龍吉砂山 水次吉 配巽為風火鼎 水吉 山凶

坤為地 運屬上元 甲申甲午 為土為陰為老母於身為皮肉為腹胃為穀不化於數合中央五十配兌為地澤臨 水吉 山凶 配乾為地天泰 水吉龍 次吉 配坎為地水師 山退中吉 水次吉 配艮為地山謙 水吉 山凶 配震為地雷復 山吉 水凶 配巽為地風井 山龍吉 水凶 配離為地大明夷 水吉 山凶

兌為澤 運屬下元 甲子甲戌 為金為陰為少女於身為肺為口舌為痰涎於數合西方四九配乾為澤天夬 山退中吉 水平吉 配坎為澤水困 砂水煞收 吉水吉 配艮為澤山咸 龍砂吉 水凶 配震為澤雷隨 山中凶 水吉 配巽為澤風大過 水吉 山凶 配離為

澤火革（山龍上吉水凶）配坤為澤地萃（水吉山凶）
以上雖論先天河圖當與後天洛書參看蓋收山出
煞乃地主靜而常守配先天運行即天主動而不息
尤宜看本卦干支有用此支干入中宜順宜逆上元
中元下元之不同上元如坎一卦子癸為吉壬子凶
之類若下元用壬之一二入中順布即六七到穴何
凶之有或上元坐水向實仍吉餘倒仿此

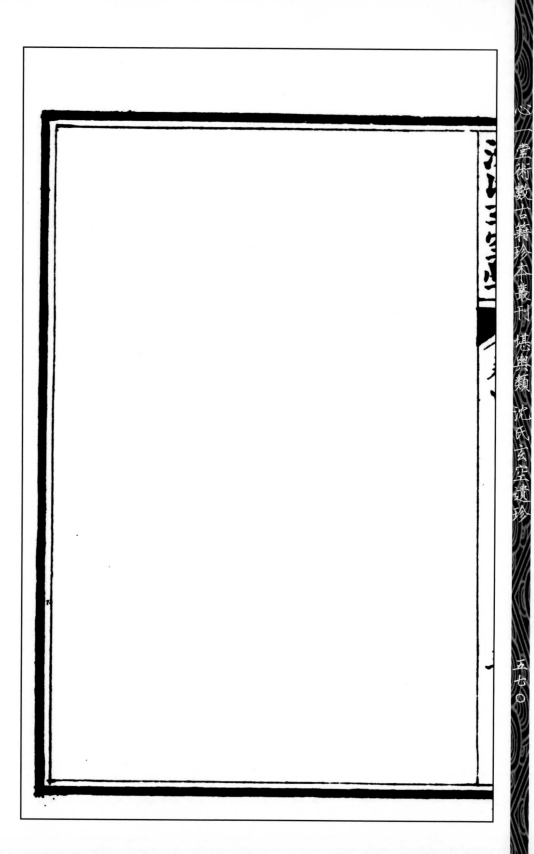

河洛生剋吉凶斷　錄元合會通

河圖一六水生旺為文秀為榜首為材藝聰明剋煞為淫佚為寡婦為溺水為漂蕩　二七火生旺為橫財巨富為多女剋煞為吐血為墮胎難產為夭亡橫禍三八木生旺為文才為元魁為多男剋煞為少亡為自縊為絕嗣　四九金生旺為巨富為好義為多男剋煞為刀兵為孤伶為自縊　五十土生旺為驟發為多子孫剋煞為瘟疸為孤孀為喪亡此曆數之大咯也然五行臨閒喜水金木忌火土以火土興廢靡常不耐久長故也　一六生震巽旺坎剋離煞午二

七生艮坤旺離剋兌乾兌煞乾三八生離旺震巽剋坤
艮煞坤仿此推之
洛書一白水為中男為魁星生旺少年科甲名播四海
多聰明智慧男子剋煞刑妻瞎眼夭亡飄蕩　二黑
土為老陰生旺發田財旺人丁不產文士止應武貢
妻奪夫權陰謀鄙吝剋煞寡婦相傳產難刑耗腹疾
惡瘡　三碧木為長男生旺財祿豐盈興家創業貢
監成名長房大旺剋煞瘋魔哮喘殘疾刑妻是非官
訟　四綠木為長女為文昌生旺文章名世科甲聯
芳女子容貌端妍聯姻貴族剋煞瘋哮自縊婦女淫

亂男子酒色破家漂流絕滅　五黃土為戊己大煞不論生剋俱凶宜安靜不宜動作年神並臨即損人丁輕則災病重則連喪至五數止季子昏迷癡獃孟仲官訟淫亂　六白金為老陽生旺威權震世武職勳貴巨富多丁剋煞刑妻孫獨寡母守家　七赤金為少女生旺發財旺丁武途仕宦小房發福剋煞盜賊離鄉投軍横死牢獄口舌火災損丁　八白土為少男生旺孝義忠良富貴綿遠小房福洪剋煞小口損傷瘟瘴臌脹　九紫火為中女生旺文章科第驟至榮顯中房受陰易發易興剋煞吐血瘋癲目疾産

死囘祿官災

玄機賦 陰陽二宅同斷

宋 吳景鸞

大哉居乎成敗所係危哉葬也興廢攸關氣口（即城門）司一宅之樞龍穴樂三吉之輔陰陽雖云四路（四山四水合上下兩元也）宗支只有兩家（一陰一陽）數列五行體用恩仇始見星分九曜吉凶悔吝斯章宅神不可損傷（靜以衍動）用神最宜健旺（即龍穴之入首）值難不傷蓋因難歸閑地（即水之低平無動作處）逢恩不發祇緣恩落仇宮（即不當令處或向水被宮神所剋）一貴當權諸凶懾服（龍神衍生旺雖剋亦吉）衆凶剋主獨力難支（立穴雖吉若龍水皆不當令又遇諸星來剋故獨力難支）火炎土燥南離何益乎艮坤水冷金寒坎癸不滋乎乾兌（炎燥寒冷太過也皆不當元之致）然四卦之至交因取

生旺（山水品配又得元也）八宮之締合自有假真（真假於來情辨之）地天為泰老陰之土生老陽（土生金也）若坤配兌女庚妾難投寡母之歡心（益純陰也）澤山為咸少男之情屬少女（下元大發）若艮配純陽緣夫豈有發生之幾兆（呂配必審乎時）乾兌託假鄰之誼（山水皆可相兼）坤艮通偶爾之情（二八為配取比肩也）雙木成林雷風相薄（此後天也亦如先天）中爻得配水火相交（坎離中爻互易即天地交泰之理）木為大神之本（木生大也）水為木氣之元（水生木也）巽陰就離風散則火易熄滅（宜審元運）震陽生火雷奮而火愈光明（即棣入南離之義）震與坎為作交離與巽可暫合（皆得相生之義雖非正配偶然而已）坎為生氣得巽木曰附籠聯歡（即上元辛驅北闕之義）乾乎之元神

用兑金曰傍城假主（乾不當元而兑當令亦得生旺）風行地上決定傷脾（土受傷也風為木脾為土）火照在天必當吐血（金主肺被火剋故吐血也）木見戌朝莊生難免鼓盆之歎（巽為長女乾金剋之故主剋妻）坎流坤位買臣常遭婦賤之羞（坎為中男坤土剋之即我不剋而反剋我主遭婦辱故以朱買臣為證）艮非宜也筋傷股折（艮主股肱筋絡如受木剋即有傷折之應）兑不利歟唇亡齒寒（兑主唇齒若受金剋故主唇亡齒寒）坎宮缺陷而墮胎離位巉巖而損目（二方以形勢言坎為當元離失元也）輔臨丁丙位列朝班（應在下元）巨入艮坤田連阡陌（艮坤為土故旺田園）名揚科第貪水星在巽宮（即四一同宮之義）職掌兵權武曲峯當庚兑（應在下元）乾首坤腹八卦推詳（即乾為首坤為腹離為目坎為耳兑為口震為足巽為股艮為手之類）癸足丁心

十干類取甲頭乙項丙肩丁心戊脇己脾庚臍辛股壬脛癸足此十干之應也子疝氣丑脾肝寅背胘卯目手辰背胸巳面齒午心腹未脾脇申咳嗽酉背肺戌頭項亥肝腎此十二支之應也參合八卦其應如嚮

木入坎宮鳳池身貴應在上元此亦四一同宮之義金居艮位烏府求名應在下元金取土倍火宜木相

玄空祕旨

按此篇有三註本舊註本及鮑士選註本均題宋吳景鸞著章仲山註本題明目講僧著玩其理論貫與玄機賦同或本吳景鸞作而目講傳之歟茲將原註鮑註列於句下章註則附於每段之後其字句不同處亦逐一註明讀者參證之可也

不知來路章作變易**焉知入路**章作但知不易**盤中**章作九星**八卦皆空**

（原註）關章最重來脈來源與入首入路即五行城門一訣之義故為至要若呆拘於坐向謬曰此是一卦而寔非此一卦也故曰盤中八卦皆空（鮑註）來路者理氣之根宅之大門地之來脈水之三叉是也入路者領氣之訣即宅之門路墓之明堂是也識得理氣之根方知領氣之訣盤羅盤也盤中八卦方位隨時顛倒轉換南不是離北不是坎東非卯而西非酉故曰八卦皆空空即玄空之謂也

未識內堂章作不識三般**焉識外堂**章作那識兩片**局裏**章作凡屬**五行盡錯**

（原註）受外來立極之所名曰內堂不解玄空者不知內堂所受之氣皆外來之氣則局裏之五行皆錯矣（鮑註）內堂旺神也當加諧向首外堂砂水

方位也當挨之卦內明衡立向挨加之法砂水方能取用若拘定二十四字則毫釐差而千里謬矣故曰盡錯

乘氣脫氣章作顛之倒之**轉禍福於指掌之間**（原註）以排山掌訣挨運令之興衰也（鮑註）氣者生旺之氣也得卦中生旺之氣則福不得卦中生旺之氣則禍天地之氣以生旺衰謝分吉凶故陰陽二宅重在乘氣也

左挨右挨辨吉凶於毫芒之際（原註）吉凶即在本卦左右雜與不雜該順該逆之分（鮑註）生旺衰謝之氣兩宮同至或挨左以乘其吉或挨右以避其凶即毫芒幾微不宜夾雜一夾雜即龍神交戰矣

一天星斗運用只在中央（原註）即先看龍從何來路從何至陽宅以路為入氣與水從何入口便將來脈來路之卦入中宮取用（鮑註）中央中宮也如天之北辰眾星環拱八方從中宮而定中宮由山向而來識得此訣方知運用之妙

千辨蓮花根蒂生於點滴章作九曜干支旋轉由乎北極（原註）來脈來源即山向之根蒂所謂月窟天根者此也（鮑註）山川之氣騰而為雲降而為雨故曰水為氣之母凡墓宅收得吉卦之水即吸得山川之吉氣如蓮花之根

蒂生於點滴之水也

章註 此言玄空大卦陰陽五行縱橫顛倒變化不測毫釐千里甚屬元微目講恐讀者無所適從又將衆星旋轉之機以示之謂衆星之所以旋轉也其機在乎北極陰陽之所以顛倒也其樞在乎三般讀者當細細揣之則縱橫顛倒之機隨時變易之理自可得而知之矣

夫婦相逢於道路卻嫌阻隔不通情（原註）若來脈來源一雜他卦則我識納何氣不能得何氣矣故云阻隔或山水皆從一卦來經曰夫婦同行脈路明須認流郎別處尋蓋水須對宮之卦為配也（紹註）夫向之吉方也宜有水婦山之吉方也宜有山苟無山水以應之是為阻隔不必上山下水也

兒孫盡在於門庭猶忌（章作恐）凶頑非孝義（原註）一卦管三山雖在一宮之內而脈有左右之分須知用此爻則吉彼爻則凶即子癸為吉壬子凶三字真假在其中故用之各別蓋人元為順子地元為逆子天可兼人地而地不能兼天猶父母之帶子息是為一卦純清（紹註）山向吉方

有砂水以應之固佳茲猶忌情頑形劣不能端拱朝揖他日子孫雖威必難望其孝順也

章註相逢者即山上水裏陰陽相見配合生生之穪也相見而得其所自有福祿之蔭相見而不得其所便是禍咎之根用法即得是方或逢形勢反背水法傾流似是而非定有阻隔凶頑之更變矣此節及下文總言山上水裏挨星得失之元微其中奧妙全在就卦以推氣用卦以明理繫辭以辨吉凶因形察氣因氣求形以推休咎也

卦爻雜亂異姓同居吉凶相併螟蛉為嗣（原註）總結上文雜亂之應也（紀註）山水界乎吉凶二卦之間是為雜亂故有異姓同居之應向上排來已有吉水山上排來又有凶巒更一吉砂朝拱有財無丁宜其螟蛉為嗣也

章註出卦則卦氣雜亂雜亂即龍神交戰交戰雜亂自有此應雜亂指干支方位而言相併指挨星反伏而言所謂用得即是相見用失便謂反吟

山風值而泉石膏肓（原註）艮被巽剋也（鮑註）艮止巽伏故有山林之癖篇中凡言吉者皆得運凶者皆失運人丁指山上言財祿指水裏言

午酉逢而江湖花酒章作柳（原註）午酉雖屬同元而火能剋金雖無大礙亦不免好花好酒之應（鮑註）離為目為心為喜兌為悅為妾為少女皆陰柔卦故有柔媚之象如八運丙向主敗風俗蕩花酒又有成勞瘵者蓋勞瘵亦好色之所致也

虛章作星聯奎壁啟八代之文章（原註）虛壬也奎木壁水在乾戌之間其中水木相生雖居金土之位而有制有化故有八代文人之應蓋一元而兼兩元所謂一六共宗也（鮑註）星日離也文明之宿奎壁乾也圖書之宿六運而直接七八九曰聯故有八代文章之應具吉全在一聯字若但六兼九反嫌火金相爍矣

胃入斗牛積千箱之玉帛（原註）胃土在酉庚之位入於艮丑斗木金牛之位在下元主富胃兌也斗牛艮也艮為天市垣又七八相生故有巨富之應入者言輔星當飛在水口三叉也

雞交鼠而傾瀉必犯徒流（原註）雞酉也鼠子也若酉金到子雖屬相生苟不當元而又傾瀉必

犯徒流破敗以水冷金寒也輕則背耳有病(繼註)傾瀉散漫奔流也兌為刑坎為陷坎水流而不返故有兌畢之象交字宜味之

雷出地而相衝定遺柽梏(原註)雷震也地坤也土被木剋若出元必遺柽梏之刑(繼註)坤為刑為小人震為士為正直出字作剋字解震木剋坤土故有柽梏之象衝指水言

章註艮為山止也陽在上則止巽為風入也陰在下則伏止者不事王侯高尚之士也伏者山林隱逸不求聞達於諸侯者也止伏相投自有泉石之癖離為火為目為心注喜流動兌為金為少女為妾性愛嬌奢離麗也一陰附於陽則喜兌說也少陰出於陽則說離兌相逢故有江湖花柳之應也星應日司文章翰墨之神躔於奎壁定卜文才傑出胃為土主倉庫五穀之府躔於斗牛定致千箱之積兌如加坎或傾瀉奔流一遇歲君徒流不免震若交坤或相冲相射年逢三碧柽梏難迭

火(章增若字)剋金煞化木數驚(章作經)回祿之災(原註)此即七與九會也七為先天大數九為後天大數若不當元或山上龍神下水水裏龍神上山或七九在三四運內或七九運水該

三四兩在山山木七九反在水或七九兩并有三四配到或龍運夾雜或陽宅興工動作皆主有四綠之災也（鮑註）九七同宮又遇流年一白飛到則大災立見蓋丁壬化木一九相激也

土（章增能字）制水後生金自（章作定）主田莊之富（原註）土本剋水有金來化則金生水而土又生金故主田莊之富雖不當元亦無礙也（鮑註）一六相生遇流年坤艮加來似謙剋制一白不知生金益水反有田莊之慮然為金玉坤為財為大輿坎為納也

木見火而生聰明奇士（原註）木火通明乃文明之象雖不當元亦生聰敏之子（鮑註）山上排來是震巽水裏排來過離木火通明必出秀士

火見土而出愚鈍頑夫（原註）火炎土燥雖當元亦主生頑鈍愚夫何況出元也（鮑註）坤為冥晦為迷暈遇離明相生而火炎土燥故出頑鈍當見有九運立丙向丁未坤方有高山出蠢子幾不辨菽麥

無室家之相依奔走於東西道路（原註）有山而無水以界氣故東西奔走無定所其應如此（鮑註）有陽無陰無所歸宿故主奔走勞碌

鮮姻緣之作合寄食於南北人家

(原註)南北爲離卦之首偏本卦無猶朝之水為配若南北有水合得圖書之秘亦主小富小貴(蔣註)有陰無陽不能自立故主寄食依人

章註此節言生剋制化之理妙在山水奉出五星九星正變之象辨別清楚再辨玄空隨時變易之機往來進退之理總得分明當補者補當瀉者瀉制化得宜自能得心應手補有偏勝定見榮枯理之必然者也如火金相剋當扶水以剋之或培土以泄之乃是扶金壯水之至理若反以木助火火藉風而愈熾不生火而愈旺回祿難逃土剋水則水自涸得金曜重重淺土壯水自有田莊之富所謂強者宜淺弱者宜扶即同此意火由木出相得則木火通明定生聰俊土本火生太過則火炎土燥自產頑愚男以女為室女以男為家無家無室是言孤陰孤陽無所依靠故主奔走寄食於東西南北也

男女多情無媒妁則為私約章作台(原註)若山水無從中用不合圖書之秘肆無山水有情只為私約蓋中五立極之所猶丹家黃婆為媒之義(鮑註)多情如振裙舞袖抱肩挨背之砂形既不

淑後界於陰陽兩卦之間故有私約之應

陰陽相見遇冤仇而反無冤章作情（鈔）云情當作精（原註）山水各得其位賞元合令爲是相剋而反有私濟之功（鈔註）冤仇即上山下水即陰陽正配亦屬無情

非章作惟正配而一交有夢蘭之兆（原註）水下雖無龍氣尚得外山與我所蓄明堂來水合配圖書亦主妾生子而發貴（鈔註）九一三以七八為正配兼之間者一二二三六七八九雖非正配若用得合宜必產佳兒夢蘭鄭穆公事見左傳

得干神之變至多折桂之英（原註）即支兼干出震豪雄之義（鈔註）干神以四正卦言如震之甲乙是也變至言山上水裏俱吉總以不出卦為貴既不出卦則山非一山水非一水用又合宜故多折桂折桂者捷秋闈也四維卦亦可兼干神

章註多情言山形水勢相得之情媒妁謂立穴定向之得宜如立穴定向少有差錯猶男女不用媒妁從為私合陰陽雖得相見遇反伏冲剋上山下水顛倒誤用反恩為仇定見災殃變至即干支品配得宜山上水裏排來都吉之謂此即青囊所謂四神第一者是也

陰神滿地成羣紅粉場中空（章本無）快樂（原註）山本陰質仍得陰星水亦得陰神雖多妻妾以有空樂而無子（嗣註）陰神二四七九也陰宅遇之於向首砂水陽宅重遇於門方向首皆主好色

火曜連珠相值青雲路上白（章本無）逍遙（原註）山得陽星水亦背陽星雖貴而不富（嗣註）火曜尖秀之峯即文筆也連珠一六二七三八四九九一一四等是也遇文筆之砂挨以官貴之星故發貴

非類相從家多淫亂（原註）水若反弓雖相合而亦主淫（嗣註）非一九二六三四七八之正配即為非類相從雜亂也故有此應亦兼砂不淼言

雌雄配（章作相）合世出賢良（原註）山迎水抱嶂雄正配故出人求正（嗣註）山上之陽過水裏之陰水裏之陽過山上之陰是為配合故有出賢良之應

章註四七九二為陰神諸星重疊於水口三叉或值門方向首男女貪淫火曜即尖秀挺拔之峯排立於主山朝案用又得一六連曜之妙自能早登科第得志於當時也所云相從相合者總言山上水裏

之玄空及方位干支清純錯雜之應驗耳

棟（章作負棟）入南離驟（章作蚪）見廳堂再（章作更）煥（原註）九紫運龍從卯乙來脈生午山子兼丁癸則九紫運當驟發木生火尤速也此為龍來三九逆去為穴應主八十年之富貴（鄭註）三九而逢流年巽至有驟堂再煥之象巽為陳震為喜笑離為光明也

車驅（章作驂車朝）北闕時聞丹詔頻來（原註）一白運龍從巽來立坎山離向即四三二一龍逆去四子均榮貴之義（鄭註）一六而逢年上坤來有丹詔之應坤為車為國為書乾為佐坎為三歲

苟（章作全）無生氣入門糧艱（章作蹇）一猶（原註）入首一節應初年若入首值衰敗則家無隔宿之糧或用順排父母主代代人才消退（鄭註）陰宅水上排來全無生旺陽宅向首門路又逢衰敗故有此應

會有旺星到穴富積千鐘（章作籍）（原註）入首生旺以水為殺水之剋入正龍之生入也（鄭註）會者二三處吉水會於向也如果屈曲朝來主大富

章註　負者排也挨也挨排震木加於離火出乎震者後相見乎離故有鼇堂之再換乾金排於坎水成乎地者又成乎天天地生生不息定主丹詔頻來無生氣有旺神總言宜生不宜剋宜旺不宜衰此亦趨吉避衰之敢要者也

相剋而有相濟之功先天之乾坤大定（原註）先天之氣、惟以生旺衰敗為主若山水皆得生旺雖相剋無礙也

相生而有相凌之害後天之金木（章作水）交併（原註）若山水不合各有生旺雖相生而亦主凶使以後天金木相剋斷之

章註　此言河洛先後天陰陽變易之數五行顛倒之氣顛倒變易相剋相生及陰陽五行自然之理且先天主體後天主用為體者不可以用言為用者不可以體言所謂先後八卦體用咸明者此也

鯤註　平視後天卦有方位無對待豎看先天卦有對待無方位以地面視之天在上地在下故高者乾而低者坤天之黃道高於午低於子故乾南而坤北日生於東月出於西故離東而坎西此先天對待

之象也洛書坎離二卦勢當違而情常親故有相濟之功究之先天本屬乾坤洛書坎兌金水相生先天則為坎坤非對待卦也玄空妙用無異先天此獨章言者示人以對待之象也

木傷土而金位重重雖禍（章作禍須）有救（原註）木剋土以金制之故云禍有救

火剋金而水神疊疊災不（章作非）能侵（章作禳）（原註）火有水制故不為害

土囷（章作涸）水而木旺無妨金伐木而火熒何忌（原註）以木制土以火制金也

章註 此節中言生剋制化得宜之妙必須形氣兼看方得制化之精微如形合而氣不合或形氣合而形不合稍有偏勝制化雖得亦見榮枯理勢之必然者也

鮑註 玄空之法不以生剋為吉凶而以得時失時為吉凶得時者生我吉剋我亦吉失時者生我凶剋我尤凶如艮交震巽七運無礙破武遁術兼貪反吉貪若兼巨尤須震巽又兼武砂要用術果此因時

備殺之大旨也

吉神衰（章作忌神旺）而忌神旺（章作制神弱）乃入室而（章作以）操戈（原註）吉不當令忌反當令故有操戈之暴若山下水水上山兩相冲剋亦如此斷

凶神旺（章作吉神衰）而吉神衰（章作凶神旺）直門關而揖盜（原註）復接上二句制神失令忌神當令猶開門揖盜何所用耶

章註剋我者謂之忌神制神即剋制我之神也旺者强也我衰者弱也制剋無雜定見操戈之患吉不敵凶自有揖盜之災要之一貴當權諸凶咸服衆凶剋主獨力難支此求扶生制剋之一法也

鮑註忌神凶神三七也忌神言山上排龍山神言水衰排龍旺謂强旺非生旺也制神吉神主當元生旺說生旺方之山水弱而小三七方之山水强而大其應如此

重重剋入立見消（章作死）亡（原註）既不當令又遇重重相剋故有立見消亡之禍（鮑註）

剋入指衰敗之氣言陰宅向首峯巒三叉水口皆遇衰敗立見傷丁陽宅向首門路俱屬衰敗先破財後傷丁

位位生來連添財喜章作喜氣（原註）若更當元又重疊生入美之愈美故有連添財喜之慶（蔣註）生生旺也陰陽二宅向首水口門路等疊見生氣旺神故主添丁發財

不剋我而我剋我剋章作剋我同類多出鰥寡孤獨之人（原註）他既不來剋我而我反去剋他亦稍生出剋出之義（蔣註）剋衰敗也水上排來雖得一二吉神山上排龍俱屬剋氣出鰥寡孤獨是指山地言

不生我而我生我生章作生我家人乃生俊秀聰明之子（蔣註）不生我而我自相生雖不當元亦生俊秀聰明之子至當令時必發矣（熙註）生生旺也水上排來得一二吉星山上排來不正一二吉星故主生聰明之子合上文参觀可見人丁為重我向首也同類家人左右二爻也

生則不剋剋則不生陰陽五行自然之理也所章註云位位重重指門方水口而言門方水口有生入剋入之利害同類家人指干支卦爻而言干支卦又有正剋旁剋之吉凶一生一剋一正一旁悉驗各

聯讀者當參五行之性情山水之形勢去來得失之間趨生避死迎旺去衰自無死傷孤寡之患矣

爲父所剋男不招兒(原註)被當令陽星所剋或破碎皆有此患被母所傷女不成(章作難得嗣)(原註)生旺處被水冲斷或衰敗方有冈路直冲則女不能成蔭(龍註)此四語指兩卦夫雜言如乾離震巽即爲父所剋三四央七即爲母所傷金剋木長子難招土剋水仲子必亡木剋土少男有厄也

是後人不肖因生方之反背無情(原註)言生旺方來龍反背而去或生旺水去反跳者皆是

賢嗣承宗緣生位之端拱(章作方)朝揖(原註)生位有情端拱朝揖雖不當元亦生賢嗣(龍註)旺主當時生主將來故後嗣余類生方之山端拱朝揖不可反背無情

章註

木受金剋長子難招水被土傷次子無嗣皆指玄空而言非指方位朝揖反背言山水之情形生方旺方言挨星之得失生方果有真情相向并育朝揖情形兑挨定多賢良孝友此因形察氣因氣求形之法總之必兼形氣理以推休咎方一毫不爽耳

我剋彼而反（章作克）遭其辱因（章作為）財帛以喪身（原註）水木以剋我為旺而我反去剋他故有因財帛喪身之應（龍註）山形乘衰勢或通近適山上之星剋制水裏之星一失運必有是應

我生之而反被（章作受）其災（章作殃）為（章作因）難產以致死（原註）我不當令而反生彼被不當令反以生旺之星下水故有此應（龍註）此亦指山形凶惡破碎言山上之星適生水裏之星是也

章註

生之太過反主死傷剋之太急反遭其辱均由形氣乘衰之故所謂過猶不及者此也

腹多水而膨脹（原註）坤為腹遇坎水重重不當令者應足以（章作見）金而蹣跚（原註）震為足被金剋而不當令故有蹣跚之應（龍註）坤為腹坎為水土嫩不能制水故主腹疾震為足遇六七剋之故主足跛

巽路（章作宮）水宮（章作路）纏乾為（章作主有）懸樑之犯（章作厄）（原註）或水或路巽乾相沖乾為首巽為索如不當元故有懸樑之厄

兌位明堂破震

主（章作定）生吐血之災（原註）明堂衆水底也兌以衆為明堂兌在下元陰陽相反兩敵為難兌為口為血為肺震為肝兌被震水冲破肺肝兩傷故為有吐血之應（餘註）山得三水得七拾遺向首是也風行地而硬直難當室有欺姑之婦（原註）坤為老母如姑巽為長女如婦形來便直如值失令以巽木剋坤土故家有欺姑之婦也如當元則減等大燒天而張牙相鬥家生罵父之兒（原註）乾為天為父離火來剋其形更如張牙相鬥之狀必生罵父之逆子失元者應

章註　坤為腹為土土衰不能制水自有脹之病震為足為木為肝肝主血受氣兌金剋則木壞肝傷主足跛吐血之證巽為長女坤為老母風行地則坤母受制於巽女更兼形勢硬直無情故有欺姑之婦乾為天為父為金乾金受剋於離火更有張牙不遜之勢必生不孝之兒此種大關風化全在立穴定向之際斟酌得宜苟能挽逆為順實有功於名教也

此節總言相剋之利害腹脹吐血欺姑罵父皆形氣相剋之應驗也讀者當細心參考務宜兼形兼氣方得九星八卦之精微耳

兩局相關必生雙學章作于（原註）即靜一局動一局當得當時生旺或辛戌二峯連在六七運中乙辰二峯連在三四運中亦生雙于此即支兼午出之義

孤龍單結定主有章作

獨夫（原註）如乙辛丁癸之類推一字上來脉嬌弱故主單傳

章註兩局指承氣收水而言孤單指地氣形勢而言此節專言龍水關狹厚薄之應

鮑註學子雙塵也兩局相關兩卦會局也如立向在陰陽交界或兩卦騎縫處必一吉一凶兩局皆吉故生學子兩局皆凶亦應禍不單行一吉一凶有見吉不見凶有吉凶並見者須細細詳之方準孤龍一吉之龍也不能兼他卦補救故有獨夫之應

坎宮高塞而耳聾（原註）下元坎方高塞應主耳聾

離位摧殘而目瞎（原註）上元離位摧殘或建剛皆主損目墮胎

兌缺陷而唇亡齒寒（原註）下元兌方缺陷或水沖毀背主缺唇音啞口喉諸病

艮傷殘章作破碎而筋枯臂折（原註）艮為脾為背為手為

足為鼻下元艮位傷殘故有骨折筋枯之應

山地被風(章作風吹)還生瘋(章作風)疾(原註)山艮地坤皆屬土若失元而被巽木來尅故有風疾之應

雷風金伐(章作金死)因定被刀傷(章作兵)(原註)震雷巽風皆屬木若失元而被金尅定主刀斧之傷或遭兵慘

章註坎耳離目艮手震足皆兼形氣以占休咎所言卦理是玄空變易之卦理非南離北坎之定位讀者切勿誤會如坎方高塞定主耳聾離位傷殘必患目疾兑取象於口缺陷則唇亡齒寒艮取象於身體則筋枯骨折艮坤為土巽風吹尅風疾難逃震巽為木乾兑金傷刀兵必至種種均由縱橫顛倒相沖相射形氣之所感也

家有少亡只為沖殘子息卦(原註)我生者為子息若子息位被沖傷破損毋主少亡

庭無耋老(章作耆老)多因裁(章作攻)破父母爻(原註)主我者為父母若父母卦位破碎則家無耋老或中元乾位損者亦如是

章註乾坤為父母六卦為子息此八卦之父母也諸卦自為母三爻為子息此一卦之父母也玄空之父母子息則爻以變易干支者為父母以何性何宮倒地翻天背為子息沖殘坎破言生氣之受剋耳

鮑註如乾卦乾為父母戌亥為子息乾坤為父母震巽為長坎離為仲艮兑為季俱為子息父母破損家無耆老子息破損室有少亡衛殘攻破皆言受剋也

漏道在坎宮遺精洩血

(原註)遺精洩血腎經下體之病也上元坎方有漏道則男主遺精女主洩血也

破軍居巽位顛疾瘋狂

(鮑註)破軍非兑卦也言欹斜破碎形似金星巽上逢之故出顛狂也

開口筆插離方必落孫山之外

(原註)離主文明峯宜尖秀故曰文筆宮星備破碎而開口有文而不中故有落孫山之應

雖離鄉砂見艮位

見章作飛

定遭

章作亡

驛路之亡

章作中(原註)艮為山為岩巔倘此方有反背離鄉砂更遇失元主流亡於外或山腳驛路之旁(鮑註)砂形向外反抱曰離鄉艮為程路此砂見於艮位故主客死

章註水分而廣曰漏道非分濱分枝之謂也坎為水為腎主精血是方有水傾瀉奔流便是腎氣不固目有遺精洩血之病其餘類病風狂皆害固形聚氣之法

金水多情貪花戀酒(原註)坎為中男兌為少女主男女多情坎為水為酒兌為金為淫水性淫瀉值失元之時故有貪花戀酒之應

水章作木金相反背義忘恩(原註)上文七運而用一白此則一運而用七赤為運之相反失令金主義故曰背義忘恩無所取用(鈔註)金兌也水坎也木震也兌為少女為竊坎為淫為酒多情如砂有抱肩挨背等形木為仁金為義相反形向外也此皆形體不整故有此應

震庚會局文臣而兼武將之權(原註)震甲為文士庚為武將若上元震山庚水庚峯向水兼收三陽水向盡源流之義下元兌山震水甲峯亦主文武全清失元不應謂為金木交戰(鈔註)山三水七或山七水三得時皆有此應

丁丙朝乾貴客而有耆耄之壽(原註)下元九八七六逆排父母主八十年之久最主貴壽上元不應(鈔註)離為南極主壽乾為貴客山上

六水遇九得時者應

天市合丙坤富堪敵國（原註）天市艮也合丙坤即二一九八進氣此坤山坤向坤水流之類故曰富堪敵國也（原註）八九排在水上又二來合十故有此應

離壬會子癸喜產多男（原註）離水至壬而止子癸進氣即支兼干出爵豪雄也在上元主多男丁盛（原註）離為喜九一為正印故主多男也

章註金水多情木金相反是言玄空之金木非西金東木之方位震為天祿庚貌武舞玄空會合文武金才丁為南極丙為太微果真情朝拱主貴而多壽艮為天市本主財祿又得大主相扶故富可敵國雜壬子癸會成既濟主多男之慶然必體得其體用得其用方有是徵若拘拘於呆法者百無一得也

四生有合人文旺（原註）上元一二三四之山有九八七六之水配成合十之數下元六七八九之山有四三二一之水配合一六二七三八四九生成之數主旺人文

四旺無冲田宅饒（原註）四旺即上元九八七六下元四三二一之水無有冲破故主田宅富饒如失運即有山上龍神下水之患

（鮑註）寅申巳亥四生方之山挨着吉星主旺人來子午卯酉四旺方之水挨着生旺主饒田宅雖為臨穴之來旨貫挨星進一曾法也

丑未換局而出僧尼震巽失宮而生賊丐

一語蓋本無今懸章本增入（鮑註）坤為寡艮為鬨寺故出僧尼震為守為草莽動而不正有賊象巽為近市利卑而不正有丐象二語當兼形體言

南離北坎位極中央

章作天（原註）南北為中天立極之所八卦之父母其力最厚能營謫方故配合之道風天地為定位也（鮑註）坎離二卦得乾坤之中氣合時者王貴

長庚啟明交戰四國

（原註）長庚西也啟明東也東在天地之左為陽為生主晝卯日之東升升則庚庚皆得陽明生旺之氣西在天地之右為陰為死主夜卯日之降也降則庚庚皆昏暗陰慘矣四酉八方此陽彼陰此陰彼陽山水西配交媾之義華此（鮑註）兌為長庚震為巍明合時用之主出武略之人

健而動順而動

三字章本無

動非佳兆

（原註）健者龍也順者水也着龍水皆得時令之陽陽為生旺宜於龍脈之主動水本靜也受時令之陰氣令亦反陽是獨陽不生矣故田非佳夫也

止而靜順而靜三字章本無靜亦章作周不宜(原註)脈之止處非得時令之陰氣盡入首最要生旺而與示皆陰是孤陰不生也故曰不宜(鏡註)乾健坤順艮止巽入不宜衝動宜安靜此以動靜審吉凶也富並陶朱斷是堅金遇土章作堆金積玉(原註)下元六七之山而遇坎水為水之生入主富或六七之山向遇艮水亦然此即六七八之山一片是也貴比王謝總緣喬木扶桑章作疎(原註)即上元震山而配兌水或艮水主富貴即三四輔扶是也辛比

庚而辛要章作更精神(原註)辛庚雖屬同卦然有顛有逆所用不同故有遇庚因吉而遇辛更精神百倍也甲附乙而甲亦章作益靈秀(原註)此言震卦一宮總要從父母而來即三陽一宮之義也(鏡註)辛庚皆兌甲乙俱震四向各有所宜辛甚勝庚甲不避乙合下壬癸丙丁方吉雖然亦向隨時不同舉四正以例四維學者融會貫通之可也癸為元龍壬號葉氣昌盛各得有因章作有攸司(原註)癸旺木宮壬順對位各有順逆不同元有六甲之辨故曰各得有因也

(鮑註)癸壬各有宜用之時非癸向為吉壬為凶亦非壬向為吉癸為凶也故曰冒處各有攸司也

丙臨文曲丁近傷官人財因之耗乏(原註)丙雜己已為文曲丁雜未以火生土主為傷官龍水有犯此者人財有耗乏之患龍雜主丁水雜主財也(鮑註)五運丙向四運丁向皆人財耗散之局傷官五黃也近鄰近也

章註 有合無冲即彼此生生無冲射反伏也東木西金南離北坎言四生四旺各得具宜也健數止靜謂干支卦支清純者為靜止錯雜者為動健輸山水則以形動者為動形靜者為靜所謂行乎不得不行止乎不得不止氣勢兩兼方是真動真止其謝陶朱皆言砂水峯巒體用兼得之妙甲乙庚辛不拘來山去水方位干支須歸一路如丙雜已丁入未不知挨星妙用而又出卦自有偏枯耗散之病矣

見祿存瘟癀必發遇文曲蕩子無歸(原註)此二句總結上文若龍水雜此應於三碧四綠運中

值廉貞而頓見火災(原註)值五黃運在中央為土在外即廉貞火也

逢破軍而多虧身體（原註）火剋金也以上皆因夾雜之故至其元而遇（蔣註）祿存三也文曲四也廉貞五也破軍七也非時而所上逢之其應如此向可急乎哉四墓非吉陽土陰土之所藏章作貴蔣藏（原註）四墓辰戌丑未乃戊己寄旺之所陽戊寄未辰陰己寄丑戌四墓有生然時俗以為龍有衰敗時便為消水餘師止知用於水以而不知亦有卯金龍之動時也誰記乙辛丁癸之位則每多消宗用者須知所言耳四生非凶卦內卦外由我取（原註）四生本吉非凶若在卦內則吉卦外則凶無有一定總以得時為吉悖時則凶權在人之合令取用深合圖書而已（乾註）辰戌且未因墓支向俗謂不吉然有時大吉寅申巳亥四生支向俗謂無凶然有時大凶皆須以運為準且四墓四生最易出卦有雜乙辛丁癸甲庚壬丙而凶者亦有兼之而反吉者學者須辨明卦內卦外然後取用之可也若知禍福緣由章作閒妙在天心橐籥（原註）此尾句以結通篇大旨（乾註）橐谷為喻砂水也籥管籥喻九星也道德經云天地之間其猶橐籥乎註云橐者外櫝以受籥

也籥者內管以鼓橐也由是觀之必橐籥而備方能造福故曰妙在天心橐籥天心即天心正運之一卦也識得天心方能持籥以尋橐因橐以鼓籥以此卜淡陽兩宅可無遺憾矣學者勉之

章註

此節專辨諸星之應驗必須測氣象辨九星察形勢看遠近再推五行生剋制化之理吉凶消長之機而言得言失言禍福自能百不失一陰土陽土者借庫自庫之謂卦內卦外者得失之謂讀者須從天心顛倒之關竅取得失自無不當矣青囊萬卷總不出體用二字體有山水之分用有得失之辨體有形步之不同用有隨時之更變用必依形而顯休咎體必因氣而見吉凶要之體無用不靈用無體不驗必須形氣兩兼參九星生剋之理以推休咎方得體用之精微此秘旨言體言用縷析條分關發精蘊無微不入非深得青囊之奧河洛之理者焉能道其隻字耶

道光癸未無心道人註

飛星賦

賦一作斷　是篇未詳作者姓名篇中言吉者從略言凶者詳補足玄空秘旨之未備欲人知所避也惟須知九宮摩盪隨時變易若呆板輪流不啻毫釐千里矣姚士選識

周流八卦，顛倒九疇，察來彰往，索隱探幽，承旺承生，得之足喜，逢衰逢謝，失則堪憂。人為天地之心，凶吉原堪自主；易有災祥之變，避趨本可預謀。小人昧理妄行，禍由己作；君子待時始動，福自我求。此節發明吉凶得失惟人自召之故

試看復壁揖身，坤為積土有墻壁之象又為身震兌坤土故主土擊篇中借用六十四卦名以明山與向之飛星也下仿此 壯途躓足。壯大壯也震為足乾為行人乾金剋震木故主跌仆也

同人車馬馳驅，乾為馬為遠為行人離日剋之故有此象 小畜差徭勞碌。巽為命令乾為大人乾剋巽故有徭勞碌之象

乙辛兮家室分離，乙即震為主為夫為反為

出辛即兌為妻妾為少女為敗折震兌對衝沖剋故有此應

辰酉兮閨幃不睦 辰即巽巽為長女酉即兌兌為少女兌巽相剋故主閨幃不睦

寅申巳觸曾聞虎咥家人 參禽為白虎在申宮寅宮亦有虎申寅衝衝則動再通流年巳火而來寅刑巳巳刑申三刑會自有咥人之象又象取坤虎艮山巽風然事不常見下故取象於犬傷

壬申排庚最異龍推屋角 震為龍坎為雲為雨兌為澤震坎相生雲從龍象兌來衝剋龍飛騰象主有龍陣推屋然事亦非常見下故取象於蛇

或被犬傷 艮為狗逢三刑以獮犬斷若坤為主則斷牛傷

或逢蛇毒 解見土又巽為蛇必帀太歲到向方斷傷人否則見蛇而已

青樓染疾只因七殺同黃 兌為少女為賊妾離為心為目心說少女淫象也五黃性毒故主患瘍梅瘡毒

寒戶遭瘟緣自三廉夾綠 震為虫中五性毒巽風夾之故瘟又有風疹

赤紫兮致災有數 七赤為先天火數九紫乃後天火星二星相併未如衝動發炎難發災之

反不見殃大性爽烈故也黑黃兮釀疾堪傷二黑在一二運為天醫餘運為病符若與五黃
同到疾病損人交至乾坤吝心不足乾為金坤為吝嗇故吝而無厭同來震巽
昧事無常震為出巽為入出入不當故因循誤事戌未僧尼自我有緣何
益戌為僧未為尼火時相生何益乾坤神鬼與他相剋非祥乾為神坤為鬼剋則
有兇神指責當知四蕩一淫淫蕩者扶之歸正四為風故蕩水趍下須扶
蓋得時吉失時凶此四為主非一為主也須識七剛三殺剛殺者制則生殃
凡三七皆不可剋制剋制則其禍尤烈碧綠風魔他處廉貞莫見雷風相薄木主
瘋病疊五黃則立隱紫黃毒藥鄰宮兌口休嘗火味苦五性毒故為毒藥若兌金貪
五土之生則毒藥入口矣嗜嫖者如之酉辛年戊己弔來喉間有疾兌為喉舌
逢五黃必生喉症于癸歲廉貞飛到陰處生殤一為腎故云陰廉五主膿血故

有生殤之象

豫雷地也擬食停坤為脾胃木剋之脾胃受傷故食停臨地澤也云泄痢澤金泄坤腹之氣澤性注下故主痢頭嚮兮六三乾為首震為聲雷性上騰故頭鳴大振肝陽上升等症乳癰兮四五四為乳五膿血火暗而神志難清火為神若離宮幽暗主神昏此兼氣色斷下仿此風鬱而氣機不利在天為風在人為氣巽宮窒塞故有此應切莫傷夫坤肉震筋豈堪損乎離心艮鼻此言方位不可有惡形震之聲巽之色向背當明向背指形勢言乾為寒坤為熱往來切記往來指形勢及門路言遇乾坤雙至必患三陰瘧須識乾爻門向長子癡迷乾爻戊也乾為知為健失時則癡迷矣雖知坤卦庭中小兒顛損二為病符若乘到來北方主少男病凡乾坤二卦以老父老母斷十有一二驗以所到方之卦斷十有八九驗因六子當事故也

因星度象木反側兮無仁反側指形說震為仁以象推星水欹斜兮失志坎為志欹斜亦指形言沙形破碎陰神值而淫亂無羞陰神陰卦也二四七九是水勢斜衝陽卦憑則是非牽累陽卦一三六八也巽如反臂總情流落無歸四綠到處砂形如臂向外反抱者主流落他鄉因風性飄蕩故也乾若懸頭更痛遭刑莫避懸頭斷頭砂也遭刑殺戮也七有葫蘆之異醫卜興家七為刑有除惡之象故為醫洪範七稽疑故為卜葫蘆砂形如葫蘆也七逢刀盞之形屠沽居肆刀盞砂形也七乃西方金故為屠又為口舌故為沽也旁通推測木工因斧鑿三宮觸類引伸鐵匠緣鉗鎚七地此憑砂之形象以斷千變萬化總在形與星也至若蛾眉魚袋衰卦非宜猶之旗鼓刀鎗賤龍則忌蛾眉女貴魚袋男貴失運反賤旗鼓刀鎗用不合法反主盜賊也

赤為形曜那堪射脇水方碧本賊星怕見探頭山位射脇
水探頭山最山若七三臨之禍更甚
若夫申尖興訟尖者尖峯也在一九為文筆在四為畫筆在中為劍鋒筆辰碎遺兵
辰乃天罡破碎非宜破近文貪秀麗乃溫柔之本一四雜七具弊如此赤連
碧紫聰明亦刻薄之萌三九雜七姑聰明而漸刻薄兩卦夾雜之弊如此五黃
飛到三叉尚嫌多事用法俱合流年五黃到三叉尚有小疵太歲推來向
首尤爲堪驚承氣雖吉太歲到向猶恐損人豈無騎綫遊魂鬼神入室
騎綫如巳丙丁未等騎綫之向也離魂如乾离坎坤艮巽震兌是也若遊魂失運鬼神晝見　九運用巳丙向堂中黑暗承巳氣多丙氣少堂中午後或見鬼神人不敢居或疑堂下有伏尸不知非也乃卦氣使然耳
更有空縫合卦夢寐牽情空縫乃一卦之空縫如丙午辰巽等是也合卦如乾坤坎

者是也凡此則人嘗用心於無用之地學蘇蒙懷若用騎綫向較空縫尤甚

寄食依人原卦情之戀養拋家背父見星性之貪生

承上騎綫空縫而言如九運亥壬門向中滿宅向外卦承乾氣亥九喜生壬五為戀養養者養之也內承兌氣庚七喜受坤二之生即為貪生生者生我也如是者主寄食依人拋家而兵也壬亥門向又為空縫合卦

總之助吉助凶年星推測

流年九星入中宮吊動運盤是以助吉亦是以助凶也

還看應先應後歲運經營

吉凶先後不一年星與運氣一一推排自知先後之應故曰歲運經營

龍到頭口訣 無極子作

先看來脉與來歷。天地陰陽從此出。猶如萬物及嬰孩。
便是根荄父母值。行至前途交會時。合得吉機再莫移。
正此結胎孕育處。非是來山遇水住。五行一一細推詳。
河洛成空何脉良。亦有周圍成太極。三元不敗真消息。
陰中有陽陽中陰。值着之時滿地金。堪歎世人無知識。
反將龍神當棄物。只向穴中所見收。下之遺毒實堪憂。
可曉城門即內氣。胚胎根蒂因此至。穴主外氣惟行形。
內氣止處處處春。不諳此為玄妙訣。何名月屈與天根。
天根金鷄月屈兔。為何五行顛倒佈。蓋緣內氣是始初。

東西移位猶天機。更言南北天地界。氣行到此方極太。陰反陽時陽反陰。陰陽之氣在裏興。勸君撿點興中義。二十四方方方治。非呆東兮西只西。天南地北不遷移。不遷移。不遷移處見天機。

此訣自圖畫發秘中錄出原註無甚發明故刪去未錄然挨星之法本集已詳此篇固無須註釋也

玄關同竅歌

司馬頭陀作 此篇自消遣集地理辨正補中錄出玄者令星以當運之星入中也關者天根以山向挨得之星入中也竅者城門亦以挨得之星入中也

知妙道玄關一訣為至要識真情玄上天機竅上分即城一訣最為良之義漫說天星並納甲且將左右問原因先觀水倒向何流玄關造化此中求內外玄關同一竅內外即山向飛星城門亦同故云同竅綿綿富貴永無休一竅通關作大謀以城門之星入中也玄關交媾亦堪求若是玄關俱不媾局堪圖畫沒來由重重生氣入關中連逢三五位二公轉關一節逢生旺便知世世代出豪雄不論陰陽純與雜猶嫌墓氣暗相攻其間造化真玄奧不與時師道吾今數語吐真情

不㑹世間人

八卦掌訣

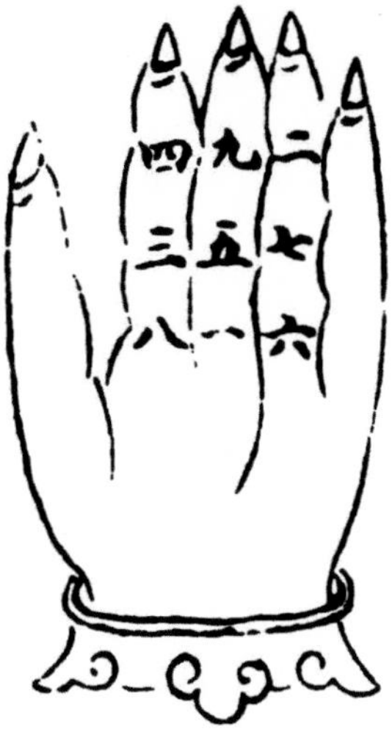

排山掌訣

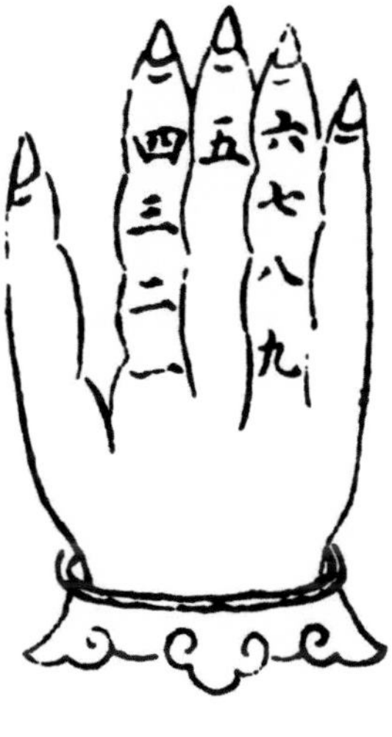

年上紫白吉星歌

年上吉星論甲子逐年星逆中宮始上中下作三元彙一上四中七下使

推算法　上元甲子年一白入中中元甲子年四綠入中下元甲子年七赤入中　如上元甲子年一白入中二黑到乾三碧到兌四綠到艮五黃到離六白到坎七赤到坤八白到震九紫到巽乙丑年九紫入中丙寅年八白入中丁卯年七赤入中戊辰年六白入中己巳年五黃入中庚午年四綠入中辛未年三碧入中壬申年二黑入中癸酉年又為一白入中周

而復始中下兩元照此例推凡起法從中宮起年順數星則逆行

上元甲子六十年紫白圖

中元甲子六十年紫白圖

下元甲子六十年紫白圖

月上紫白吉星歌

旺年八白中宮得墓是五黃生是黑逐月逆星次第行一周之內可推測

推算法　子午卯酉為旺年正月起八白辰戌丑未為墓年正月起五黃寅申巳亥為生年正月起二黑俱從中宮起隨月星逆數　凡子午卯酉年正月八白入中二月七赤入中至十月仍八白入中周而復始辰戌丑未年正月五黃入中寅申巳亥年正月二黑入中不論上中下三元均依此例推

凡年月紫白於開山立向修方最忌者五黃一星切

不可犯犯則諸事不利此外九星有吉有凶於開山立向修方均無妨礙推在配合玄空飛星定其衰旺生死合其五行生剋而已

子午卯酉年月上紫白圖

辰戌丑未年月上紫白圖

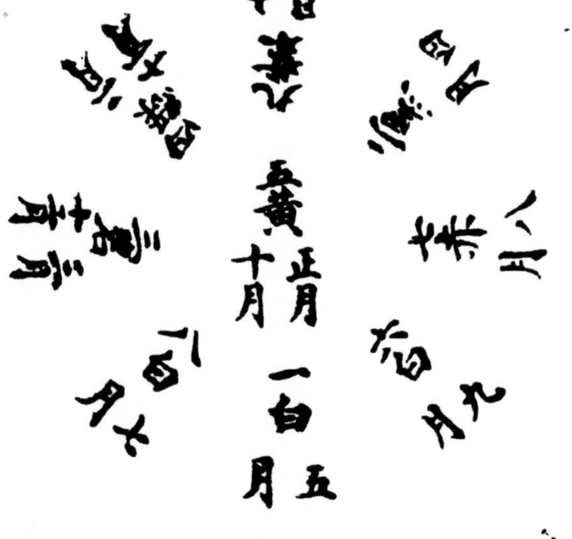

寅申巳亥年月上紫白圖

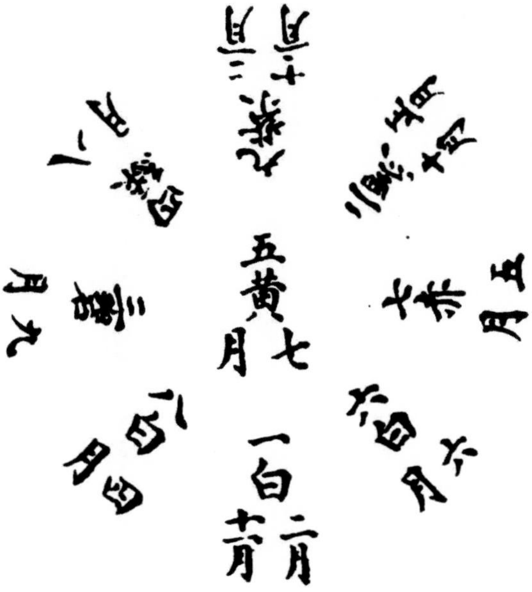

日上紫白吉星歌

冬至立春一白遊雨水清明七赤乃爲逆穀雨芒種四綠真堪羨逆日順星半載流（此半年逆日星順行）夏至立秋九紫是處暑寒露三碧行悠悠臨霜降六白直臨大雪逆日逆星半歲周（此半年逆日星逆行）順逆俱從甲子起中宮次第定真壽星飛順逆知方位白紫之星四吉優

推算法　從中宮起例陽局逆日星順行陰局逆日星逆行如陽局逢甲子日則一白在中乙丑則二黑在中丙寅則三碧在中丁卯則四綠在中陰局逢甲子日則九紫在中乙丑則八白在中丙寅則七赤在

中丁卯則六白在中以此推之而六十日中何日何星在中宮見矣要知是日吉星之方即從中宮陰陽照飛如陽局甲子日一白在中則二黑在乾三碧在兌四綠在艮五黃在離六白在坎陰局甲子日九紫在中則一白在巽二黑在震三碧在坤餘類推

日上紫白逆行圖

夏至 處暑 霜降	甲子	乙丑	丙寅	丁卯	戊辰	己巳	庚午	辛未	壬申
小暑 白露 立冬	癸酉	甲戌	乙亥	丙子	丁丑	戊寅	己卯	庚辰	辛巳
大暑 秋分 小雪	壬午	癸未	甲申	乙酉	丙戌	丁亥	戊子	己丑	庚寅
立秋 寒露 大雪	辛卯	壬辰	癸巳	甲午	乙未	丙申	丁酉	戊戌	己亥
	庚子	辛丑	壬寅	癸卯	甲辰	乙巳	丙午	丁未	戊申
	己酉	庚戌	辛亥	壬子	癸丑	甲寅	乙卯	丙辰	丁巳
	戊午	己未	庚申	辛酉	壬戌	癸亥			
九紫 三碧 六白	中	乾	兌	艮	離	坎	坤	震	巽
八白 二黑 五黃	巽	中	乾	兌	艮	離	坎	坤	震
七赤 一白 四綠	震	巽	中	乾	兌	艮	離	坎	坤
六白 九紫 三碧	坤	震	巽	中	乾	兌	艮	離	坎
五黃 八白 二黑	坎	坤	震	巽	中	乾	兌	艮	離

四綠　七赤　一白　離坎坤震巽中乾兌艮
三碧　六白　九紫　艮離坎坤震巽中乾兌
二黑　五黃　八白　兌艮離坎坤震巽中乾
一白　四綠　七赤　乾兌艮離坎坤震巽中

日上紫白順行圖

冬至　雨水　穀雨
甲子　乙丑　丙寅　丁卯　戊辰　己巳　庚午　辛未　壬申
癸酉　甲戌　乙亥　丙子　丁丑　戊寅　己卯　庚辰　辛巳

小寒　驚蟄　立夏
壬午　癸未　甲申　乙酉　丙戌　丁亥　戊子　己丑　庚寅
辛卯　壬辰　癸巳　甲午　乙未　丙申　丁酉　戊戌　己亥

大寒　春分　小滿
庚子　辛丑　壬寅　癸卯　甲辰　乙巳　丙午　丁未　戊申
己酉　庚戌　辛亥　壬子　癸丑　甲寅　乙卯　丙辰　丁巳

立春　清明　芒種
戊午　己未　庚申　辛酉　壬戌　癸亥

一白	七赤	四綠	中巽震坤坎離艮兌乾
二黑	八白	五黃	乾中巽震坤坎離艮兌
三碧	九紫	六白	兌乾中巽震坤坎離艮
四綠	一白	七赤	艮兌乾中巽震坤坎離
五黃	二黑	八白	離艮兌乾中巽震坤坎
六白	三碧	九紫	坎離艮兌乾中巽震坤
七赤	四綠	一白	坤坎離艮兌乾中巽震
八白	五黃	二黑	震坤坎離艮兌乾中巽
九紫	六白	三碧	巽震坤坎離艮兌乾中

時上紫白吉星歌

生日坤宮旺日中艮宮墓日子時通寅申巳亥為生日從坤宮起子時子午卯酉為旺日從中宮起子時辰戌丑未為墓日從艮宮起子時

陽陰一九君須記如子時例冬至陽局係一白夏至陰局係九紫推時上吉星不然

順逆陽陰星異蹤陽局星順陰局星逆此定法也

時逆陰陽無二議不論陰陽局時上星俱逆行如陽局生日一白子時在坤丑時在坎寅時在離陰局九紫子時在中丑時在巽寅時在震俱逆行也如此推去便知時中吉星矣

吉星卦位掌中工

時上紫白順逆行圖

一白	一白	中	巽	震	坤	坎	離	艮	兌	乾
二黑	九紫	乾	中	巽	震	坤	坎	離	艮	兌

三碧（冬至用）/八白（夏至用）	四綠/七赤	五黃/六白	六白/五黃	七赤/四綠	八白/三碧	九紫/二黑	（旺日）	（墓日）	（生日）
兌	艮	離	坎	坤	震	巽	子酉	午	卯
乾	兌	艮	離	坎	坤	震	丑戌	未	辰
中	乾	兌	艮	離	坎	坤	寅亥	申	巳
巽	中	乾	兌	艮	離	坎	卯	酉子	午
震	巽	中	乾	兌	艮	離	辰	戌丑	未
坤	震	巽	中	乾	兌	艮	巳	亥寅	申
坎	坤	震	巽	中	乾	兌	午	卯	酉子
離	坎	坤	震	巽	中	乾	未	辰	戌丑
艮	離	坎	坤	震	巽	中	申	巳	亥寅

太歲

子年在子方丑年在丑方推之亥年則在亥方太歲爲一年主宰掌一年吉凶宜坐不宜向避之爲吉犯則禍大且久如子年立子山午向即爲坐太歲午山子向即爲向太歲修子方即爲動太歲能不坐不向不動最佳否則坐之動之須看年月有吉神方可語云若要貴修太歲其中蓋有玄妙切勿輕犯

七煞

子年在午方丑年在未方推之亥年則在巳方七煞即歲破切不可犯否則須看年月有太陽及貴

人祿馬等吉神飛到方可否則其凶立見

年三煞

申子辰水局在巳午未寅午戌火局在亥子丑亥卯未木局在申酉戌巳酉丑金局在寅卯辰

年煞宜向不宜坐如子年立巳午未三山即為坐煞立丙丁二山即為夾煞立亥壬子癸丑五山即為向煞修巳丙午丁未五山即為犯煞雖有吉神臨方不能化解不得已向之無妨然須有吉神到向方可

月三煞

正五九月煞在亥子丑二六十月煞在申酉戌三七十

一月煞在巳午未四八十二月煞在寅卯辰月煞按月遷移宜向不宜坐犯則凶禍立見遲則一月速則旬日如正月立亥子丑三山為坐煞立壬癸二山為夾煞立巳丙午丁未五山為向煞修亥子丑方為動煞雖有吉神均不能解不得已向之無妨然須有吉神到向方可

紫白訣上篇

錄華亭姚廷鑾陽宅全秘

姚云此訣無作者姓氏或云目講或云王思山無可證也篇中頗多奧旨陽宅精蘊闡發殆盡應驗如神惜世無刻本抄錄者字多舛錯爰為細心校讐逐句詮釋庶作者精意大白讀者亦不至有誤解錯用之弊云

紫白飛宮辨生旺退殺之用三元氣運判盛衰興廢之時

紫白洛書九星也以排山掌訣飛佈八方如坎宅一白入中二黑乾三碧兌四綠艮五黃離六白坎七赤坤八白震九紫巽八宅均以本宅入中照此飛去九星各有五行一白水二黑五黃八白土三碧四綠木六白七赤金九紫火八方飛星來生中宮為生乾宅遇二黑五黃八白土是與中宮比和為旺乾宅遇七赤金是中宮去生八方為退乾宅遇一白水是八方尅中宮為殺乾宅遇九紫火是中宮去尅八方為死乾宅遇三碧四綠木是三元即上中下三元得元運則興盛失元運則衰廢

生旺宜興運未來而仍替退殺當廢運方交而尚榮總以氣運為之君而吉凶隨之變化

此二節總攝通篇大旨而歸重於元運如一白水運六七金為生運一木為旺然未交金水元運則水不得令仍衰廢而替運三四木為退運二八土為殺然正交金水元運則一白得令即退殺不作廢論君主也無論生旺退殺總以三元氣運為主得元則吉失元則凶故云隨之變化也

以圖運論體書運論用此法之常也以圖運參書運參圖此法之變也

此節總提圖書二運下文逐一承明之河圖之運即下文五子運也八宅生定之星為體由宅星飛佈八方為用洛書之用即下文上中下三元大小運也以圖書五行參合而論有時用圖兼書有時用書兼用或重或輕常變互用之法也

河圖之運以甲丙戊庚壬五子配水火木金土五行五子分元五行定運秩然不紊

河圖之數一六水二七火三八木四九金五十土一生一成順挨其序甲子十二年為水運丙子十二年為火運戊子十二年為木運庚子十二年為金運壬子十二年為土運秩然不紊也

凡屋層與間值水數者喜金水運值木數者嫌金火運火金土數依此類推

屋之一層六層一間六間者為水數值庚子十二年金運為生甲子十二年水運為旺戊子十二年木運為退壬子十二年土運為殺丙子十二年火運為死其二層七層二間七間為火數三層八層三間八間為木數四層九層四間九間為金數五層十層五間十間為土數值五子運俱喜生旺而忌剋洩

生運發丁而漸榮旺運發祿而驟富退運必冷退絕嗣殺

則横禍官災死主損丁吉凶常半應如桴鼓圖運有然

此三節申明圖運論體句　五行屋數遇五子運來生者發丁而榮顯比和者發貴而發財屋生運者為退主貧窮殀絕運來剋屋則禍生不測官事連綿屋剋運者為死但比運來剋屋為輕故吉凶互見也

九星遇此喜忌亦同木星金運宅逢刦盜之凶大曜木元人沐恩榮之喜書可參圖蓋如是也

此一節申明書可參圖句　此字指圖運言以洛書之九星遇河圖之五運其喜生旺比和忌死退剋殺亦同上文所云木星四句正申明此句之意洛書三四木星遇河圖庚子金運木被金剋故逢刦盜洛書九紫大星遇河圖戊子木運木能生火故沐恩榮木星大曜洛書五行也金運木元河圖五行也洛書之吉凶參用河圖之元運所謂書可參圖也

洛書之運上元一白中元四綠下元七赤各管六十年

謂之大運上元一二三中元四五六下元七八九各管二十年謂之小運

上元運一白統管六十年而前二十年小運亦一白管中二十年二黑管後二十年三碧管中元運四綠統管六十年而前二十年小運亦四綠管中二十年五黃管後二十年六白管下元運七赤亦統管六十年而前一十年小運亦七赤管中二十年八白管後二十年九紫管上中下三元共一百八十年九星則一白至九紫周而後始也

元運既分更宜論局如八山上元甲子甲戌二十年得一白龍穴一白方砂水一白方居住名元龍主運發福非常至甲申甲午二十年得二黑龍穴二黑方砂水二黑方居住名旺星當運發福亦同一九如是三元可知

三元之運生旺退殺俱由此別然吉凶應驗均在局上局者龍穴砂水方位也如上元前二十年大小運俱一白司令若住屋龍穴砂水皆一白為元龍主運發福無量元三元也龍龍穴也一白龍遇一白運則一白專主不雜他運故曰主運如中二十年小運是二黑司令住屋之龍穴砂水皆二黑其發福與合一白者同上元前中二十年如是後二十年可知上元如是中下二元亦可知矣

二者不可得兼或當一白司令而震巽受元運之生四綠乘時而震巽合元運之旺此方居住亦慶吉祥

言主運不可得或一白運震巽受生氣四綠運震巽受旺氣住震巽方之屋亦主獲福

先天之坎在兌後天之坎在坤上元之坤兌未可言衰先天之巽在坤後天之巽在兌中元之兌坤亦可云旺此卦之先後天運可合論者也

此四節申明書之運論用向　兌金坤土值上元一白水運則金生水為退氣土剋水為死氣不知先天一之坎在後天兌位後天之坎在先天坤位則兌雖值後天退氣而先天則得令坤雖值後天死氣而先天卻乘旺坤兌與先天之吉故不為衰先天之巽在後天坤位坤雖被中元木剋而先天巽木卻是得令後天之巽在先天兌位兌雖被中元木剋而先天巽木正值司令是中元木運坤兌亦遇先天之吉故可云旺玩先後天卦位圖自明

一白司上元而六白同旺四綠主中元而九紫均與七赤居下元而二黑並發此即河圖一六共宗二七同道三八為朋四九為友之義圖可參書不信然乎

此一節申明圖可參書句　洛書一白管上元則一白為主而水得運河圖一六共宗一旺則六亦旺是河圖之一六可參用上元一門之水運矣二七三八四九五十可以類推

或局未得運而局之生旺財方有六事得地者發福亦同水為上山次之高樓殿塔亭臺之屬又其次也再論其山與山之六事如門路井竈之類次論其層與層之六事或行大運或行小運俱可富榮否則佈置六事合山與層及其間數生旺則關殺俱避若河洛二運未交僅可小康而已

此一節承上專論其局向意而歸重於河洛二運局之六事小六事也凡屋外橋廟山水之屬皆是山層間之六事內六事也凡屋內門户井竈之屬皆是須從局上山上飛佈九宮生旺為福剋洩為禍如六事排在局山層間之生旺方不犯關殺一交河洛二運發福非常未交運則僅小康若本在關殺方不交運猶可茍一得運則興災作禍有不可當者不可不知也

夫八門之加臨非一九星之吊替多方納音支干之管殺有統臨專臨之名而入中太歲之為旺為生最宜詳審管山星宿之穿宮有逆龍順飛之例而入中禽星之或生或剋尤貴同參

此一節乃將下文諸訣總提在前以後逐一分疏之

何謂統臨即三元六甲也六甲雖同三元之泊宮則異中宮之支干納音亦異

六甲者甲子甲戌甲申甲午甲辰甲寅也三元俱有六甲而泊宮各不同上元甲子泊坎宮中元甲子泊巽宮下元甲子泊兌宮支干納音者即甲子支上元己巳入中納音木中元壬申入中納音金之類

如上元一白坎於本宮起甲子逆數至中宮得己巳木

音也中元四綠巽於本宮起甲子逆數至中宮得壬申金音也下元七赤兌於本宮起甲子逆數至中宮得丙寅火音也每十年一易此其異也

上元坎上起甲子離乙丑艮丙寅兌丁卯乾戊辰中己巳為大林木故木音中元巽上起甲子震乙丑逆數至中為壬申為劍鋒金故金音下元兌上起甲子乾乙丑逆數至中為丙寅為鑪中火故火音也十年一易詳下節

如上元甲子十年己巳在中宮甲戌十年則己卯中元甲子十年壬申在中宮甲戌十年則壬午

上元六甲俱從坎上起甲子逆輪至中宮故甲子至癸酉十年為己巳入中甲戌至癸未十年為己卯入中其甲申甲午甲辰甲寅每甲俱如是推中元六甲俱從巽上起甲子逆輪至中宮故甲子至癸酉十年

俱壬申入中甲戌至癸未十年俱壬午入中其甲申甲午甲辰甲寅每甲俱如是推下元六甲俱從其上起甲子不言下元者省文也

每甲以中宮納音後以所泊宮星與八山論生比比所謂統臨之名也

此四節申明統臨之名句中宮納音著即乙巳入中納音木之類所泊宮星者即上元甲子泊坎中元甲子泊巽之類論生比者論入中宮星之納音并此宮所泊星之納音與八山論其生比如上元甲子乙巳入中納音木是洩坎山也上元甲子坎上泊甲子納音金是生坎山也舉此一例則各元各甲入中星納音各山泊宮星納音八山較生比之法可類推矣

何謂專臨即六甲所飛到八山之干支包三元各以本宮所泊臨宮逆數至本山得何干支即以此干支入中

宮順佈以論八山生旺則吉剋殺則凶

每甲十日故為甲向八山干支如上元甲子旬甲子坎乙丑離丙寅艮之類三元所治之下支每元各異要將本宮所泊干支逆一逆數看係何干支到山入中順飛與八山生剋何如如上元甲子泊在坎隨宮數去乙丑離丙寅艮丁卯兌如此逆換數至坎上得癸酉即以癸酉入中順佈則甲戌乾乙亥兌丙子艮順排一周看山係何山流年干支到以所值干支之納音與八山數生剋山者吉剋山者凶

又當終本宮原坐星殺合論以為生見生殺為生見殺或為旺見生或為旺見退禍福齊壞一一參詳此所謂專臨之名也

此二節申明專臨之名句如上元甲子在坎是甲子為原坐逆由次逆數到坎為癸酉逆以癸酉入中順飛到坎為戊寅即以戊寅與原坐甲子合論生剋如前飛來泊宮之生星與此

山為生而從飛到之星與山又相生是為生見生如相剋則為生見殺若前飛來泊宮之坐星與此山為旺而後飛來到之星與山又相生是為旺見生如被坐星相剋是為旺見退生旺退殺禍福有霄壤之分不可不細審也

統臨專臨皆善吉莫大焉統臨不善而專臨善不失為吉統臨善而專臨不善不免於凶然凶猶未甚也若統臨專臨皆不善斯凶禍之來莫可救矣

此一節總束統臨專臨而尤歸重於專臨

至於流年干支亦入中宮順飛以考八山生旺如其年不得九星之吉而得歲音之生旺則修動亦獲吉徵

此一節申明太歲入中二句

如甲子年甲子入中乙丑乾丙寅兌順飛八山將其

納音與八山較生旺如坎山屬水甲子納音金爲金生水吉乙丑乾乾上像坎山二黑方土生金爲洩氣餘可類推八山俱有流年九星入中從中宮順飛八方各有生旺退殺之辨倘此年到山之星不吉而太歲干支之納音與山或生或旺則修理動作亦可獲吉也

禽星穿宮當先明二十四山入中之星翼角木辰亢金乙氐土卯房日甲心月尾火寅箕水艮斗木丑牛金癸女土子虛日壬危月室火亥壁水乾奎木戌婁金辛胃土酉昴日庚畢月觜火申參水坤井木未鬼金丁柳土午星日丙張月翼火巳軫水各以坐山所值之禽星入中順佈以論生尅但山以辰戌分界定其陰陽自乾至辰爲陽山陽順佈自巽至戌爲陰山陰逆行星生宮者

動用與分房吉星剋宮者動用與分房凶

此一節申明管山星宿句

流年之禽星則以值年之星入中宮陽年順飛陰年逆飛而修造之休咎於此可考

此一節申明每年禽星二句

流年禽星是本年所值之禽星也其起例以日月火水木金土七宿順排用而復始即知值年為何宿又以虛鬼箕畢氐奎翼七宿周而復始即知值年及管事之宿矣如上元甲子年畢宿值年畢月烏是太陰禽也又如庚寅年胃宿值年胃土雉是土禽也凡太陽禽值年虛宿管事太陰禽值年鬼宿管事火禽值年箕宿管事水禽值年畢宿管事木禽值年氐宿管事金禽值年奎宿管事土禽值年翼宿管事也陽年者子寅辰午申戌陰年者丑卯巳未酉亥是

八門加臨者乾山起艮坎山起震艮則加巽震則從離

巽從震離從乾坤從坤兌從兌以起休門順行八宮分房安牀獨取開休生為三吉

八門奇門也休生傷杜景死驚開為八門八門五行隨八卦而起休隸坎屬水生隸艮屬土傷隸震屬木杜隸巽屬木景隸離屬火死隸坤屬土驚隸兌屬金開隸乾屬金加臨者加於八山也乾山從艮上起休震生巽傷離杜坤景兌死乾驚坎開坎山從震上起休艮山巽上起休震山離上起休巽震起離乾起坤坤起兌兌起俱順佈八宮以開休生三門為最吉分房安牀必取諸此

又有三元起法上元甲子起乾順行四維乾艮巽坤週而後始中元甲子起坎順行四正坎震離兌下元甲子起艮順行四維艮巽坤乾

四維四隅之方也每年起法只就四維不用四正上元甲子年乾上起休乙丑年艮上起休丙寅年巽上

起休丁卯年坤上起休是也推每年輪法仍兼用八分如上六甲子年乾上起休坎生艮傷震杜巽景離死坤驚兌開是也周而復始者每年起法如上元甲子乾上起休至丁卯起坤為一周戊辰又從乾上起休己巳艮上起休為復始其輪法即干支陰山陽山陽順佈陰逆行也中元甲子坎上起休輪法照上元下元甲子艮上起休輪法照上中元

論流年係何宮起休門亦論其山之陰陽順逆如寅甲為陽陽主順乙卯為陰陰主逆但取門（奇門也）生宮宮門比和為吉宮剋門次之宮生門則凶門剋宮則大凶

此三節申明八門加臨句

八宮起休之法在分二十四宮之陰陽以為順逆排去就震宮一局論之震分甲卯乙三山如本年當年震上起休則甲卯乙三山俱起休門但其中甲係陽干為陽山主順則震休巽生離傷坤杜兌景乾死坎驚艮開乙係陰干卯係陰支為陰山主逆則震休艮

生坎傷乾杜兌景坤死离驚巽開者奇來生宮得生氣如休到木宮之類宮與門比和得旺氣如休到水宮之類皆吉宮去剋門為死氣如休到土宮之類次凶宮去生門為洩氣如休到金宮之類主凶門來剋宮為殺氣如休到火宮之類大凶

九星吊替者如三元九星入中飛佈均謂之吊而年替年月替月曆替方門替閏皆以替名

自此以下五節俱申明九星吊替多方向此節又總提吊替各法

如上元甲子年一白入中宮輪至子上乃歲支係六白即以六白入中飛佈八方視其生剋而支上復得二黑是年替年也

此一節申明年替年句

子隸坎宮一白入中坎上飛到六白子係甲年之支

哉以歲支、六白入中而坎六飛到二黑是以年替年之法也

又如子年三月六白入中宮輪至辰上三月建係五黃即以五黃入中宮輪見八方伏位而月仍復四綠是月替月也

此一節申明月替月句三月建辰子年三月六白入中七乾八兌九艮一離二坎三坤四震五巽辰隸巽宮以月支五黃入中周圍輪佈而只支辰巽上仍係四綠到宮是以月替月之法也　一白每年起法訣曰四仲之年正月八四孟二黑却相逢若問四季如何取正月黃黑逆數通如子午卯酉為四仲年正月八白入中二月七赤入中三月六白入中四月五黃入中五月四綠入中六月三碧入中七月二黑入中八月一白入中九月九紫入中十月八白入中十一月七赤入中十二月六白入中每月逆數九星寅申巳亥為四孟年正月二黑入中二月一白入中每月逆數九星辰戌丑未四

每年正月五黃入中二月四綠入中每月逆數九星凡此星入中則當令不可動其原坐本方如五黃入中不作乾坤艮巽蓋五黃入中四面八方此月俱不宜動作也此名暗建殺為伏吟即大月建犯之損人此殺最烈紫白太陽大臘俱不可解雖隔河亦忌神殺之凶此為最矣

如二層屋下元辛亥年五黃入中六白到乾以六白入中輪佈八方論生剋是層替方也

此一節申明層替方句

又二層屋二黑居中如開離門則六白為門星辛亥年五黃入中見九紫到門剋原坐金星復以九紫入中輪數八方而六白到坤及第七間是門替間也

此一節申明門替間句

此用九星分層故層屬二黑以二黑入中六白到離

間離門到六白為門星下元辛亥年年白五黃入中九紫到離為門原坐星是六白今流年飛九紫到離來剋災災金星即以九紫入中一到乾二到兌艮離坎坤遭災去坤上得六白矣九紫入中即從第一間起九紫二間一白三間二黑四五六七挨去第七間是六白是以門替間之法也

此河圖之妙用運令之災祥無不可以預決矣

此一節總結河圖運令之妙

紫白訣下篇

訣一作斷一作賦宅譜指要元合會通錄之又有鮑士選訣今茲仍錄姚以載諸家註解為詳也

四一同宮準發科名之顯九七合轍合轍一作窮途常招回祿之災二五交加罹死亡並生疾病原作而損主亦且重病三七疊至被刦盜更見官災

此節總提九星同宮分別吉凶四綠一白同到曰同宮如坎宅一白入中流年又四綠入中坎宅艮方是四綠流年又一白到艮巽宅四綠入中流年又一白到中宮巽宅一白到坤流年又四綠到坤均為四一同宮一白為官星一作魁星四綠為文昌故發貴九紫七赤同入中宮或同到方位名曰合轍九紫為後天火星七赤是先天火數故主火災二黑與五黃同入中宮或同到方位曰交加二黑為病符五黃為廉貞故主死亡疾病三碧七赤同入中宮或同到方位曰疊至三碧為蚩尤七赤為破

單故主盜訟

蓋四綠為文昌之神職司祿位（原作天輔太乙）一白為官星之應主宰文章（原作牙笏文章）還宮復位固佳交互疊逢亦美

一白之宅與方流年又一白到四綠之宅與方流年又四綠到名為還宮復位一白之宅與方流年遇四綠到四綠之宅與方流年遇一白到名為交互疊逢餘可例推

故三九九六六三推乾離震擊龍有慶而二五八之位（位原作間）非可蜚聲

三九三碧九紫也震宅三碧入中乾方是四綠遇流年九紫入中乾方是一白離宅九紫入中乾方是一白遇流年三碧入中乾方是四綠則三九之宅乾方四一同宮九六九紫六白也離宅九紫入中離方是四綠遇流年六白入中離方是一白乾宅六白入中離方是一白遇流年九紫入中離方是四綠則九六

之宅離方四一同宮六三六白三碧也乾宅六白入中震方定四綠遇流年三碧入中震大是一白震宅三碧入中震方是一白遇流年六白八中震方是四綠則六三之宅震方四一同宮乾離震攀龍者言三九宅四一在乾九六宅四一在離六三宅四一在震也二五八者二謂第二間承上三九言震宅三碧入中即將三碧加第一間上數至二間是四綠流年遇九紫入中將九紫加第一間上數至二間是一白故二間内四一同宮離宅與三碧流年仿此五謂第五間承上九六言離宅九紫入中將九紫加第一間上數至五間是四綠流年遇六白入中將六白加第一間上數至第五間是一白故五間内四一同宮乾宅與九紫流年仿此八謂第八間承上六三言乾宅六白入中將六白加第一間上數至八間是四綠流年遇三碧入中將三碧加第一間上數至八間是一白故八間内四一同宮震宅與六白流年仿此來可蜚聳者言非獨乾離震之方位遇四一可發科名即二五八之間非逢四一可以蜚聳也

一七七四四一但坤艮中附鳳為祥而四七一之房均

堪振羽

一七七四四一照上節三九等挨法艮坤中者艮字
承上一七言艮上四一同宮坤字承上七兩言坤上
四一同宮中中宮也承上四一言中宮四一同宮也
四七一者四綱第四間承上一七言坎宅一白入中
将一白加第一間上數至第四間是四綠流年遇七
赤入中将七赤加第一間上數至第四間是一白故
四間内四一同宮兌宅與一白流年彷此七綱第七
間承上七四言兌宅七赤入中将七赤加第一間上
數至第七間是四綠流年遇四綠入中将四綠加第
一間上數至第七間是一白數七間内四一同宮巽
宅與七赤流年彷此一綱第一間承上四一言巽宅
四綠入中将四綠加第一間上流年遇一白入中将
一白加第一間上數第一間内四一同宮坎宅與四
綠流年彷此附戛振羽者飛騰之意也亦言四一到
間之妙

八二二五五八在兑巽坎登雲足賀而三九六之屋俱

足題名

八二二五五八照前三九等挨法兌巽坎者兌字承上八二言兌上四一同宮巽字承上二五言巽上四一同宮坎字承上五八言坎上四一同宮三九六言三謂第三間承上八二言艮宅八白入中將八白加第一間上數至三間是一白流年遇二黑入中將二黑加第一間上數至三間是四綠故三間內四一同宮坤宅與八白流年仿此九謂第九間承上二五言坤宅二黑入中將二黑加第一間上數至第九間是一白流年遇五黃入中將五黃加第一間上數至第九間是四綠故九間內四一同宮甲宮與二黑流年仿此六謂第六間承上五八言五黃局五黃入中將五黃加第一間上數至第六間是一白流年遇六白入中將八白加第一間上數至第六間是四綠故六間內四一同宮艮宅與五黃流年仿此俱足題名者言三九六間與兌巽坎俱主發貴也

遇退殺可無嫌逢生旺而益利年與運固須並論運與

局尤貴參觀

此極皆四一二星到方到間之妙而又提出看法局運年俱當並重　鈍云局者向首承氣之局也

運氣雙逢分大小年月加會辨三元

如上元一白管運六十年此大運也前甲子甲戌二十年小運亦是一白是運宜分大小也各元類推每歲交接加會要辨明上中下三元之星各有不同如同一甲子上元在坎中元在巽下元在兌之類

但住宅以局方為主層間以圖運為君

住宅由局方上論九星是以局方為主也訣云水在離宮為坎局在兌宮為震局蓋朝南為坎宅朝西為震宅宅論坐山也　層與間之得運失運以河圖五子運為君五子運者即甲子十二年水丙子十二年火戊子十二年木庚子十二年金壬子十二年土此較生剋以判吉凶

故坤局兌流左輔運臨科名獨盛艮山庚水巨門運至

甲第流芳下元癸卯坎局之中宮發科歲在壬寅兑宅
之六門入泮

坤局二黑入中兑上是四綠左輔八白也交八運兑入
上飛到一白是四一同宮故科名獨盛艮山八白入
中兑上是一白巨門二黑也交二運兑上飛到四綠
亦四一同宮故甲第流芳下元癸卯年四綠入中坎
局本一白入中是年又四綠入中是四一同宮故主
發科兑宅七赤入中六白飛到巽是巽為六門下元
壬寅年五黃入中四綠到巽故曰兑宅之六門入泮
此言四六同到文曲武曲會合非妙但只入泮不能
發科者未得一四同宮故也

此白衣求官秀士赴舉推之各有其法而下僚求陞廢
官思起作之亦異其方

此以上總申明上文四一同宮意
求官重一白官星求名重四綠文昌方法各有不同

夫殺旺須求身旺為佳造塔堆山龍極旺宮加意

殺位強盛當於龍局宅生旺之方堆高蓋生方高則洩殺氣旺方高則助主山但言龍者省文也

制殺不如化殺為貴鍾樓鼓閣局山生旺施工

此二節總提下文各殺必須制化意如於局以土為殺金為生水為旺遇土殺當於金水二吉起金水星體之樓閣或用宅主金水之年命或用金水年月日時則土來生金貪生忘剋兩水比和命强自不畏剋雖不與殺為敵殺自不能為害此化殺之謂也

七赤為先天火數九紫為後天火星旺宮單遇動始為殃煞處重逢靜亦肆虐

先天之數二七為火故七赤為先天火數九紫肆離離象為火故九紫為後天火星俱主火患如局山旺方七赤九紫只到一位動作則火發不動則無實在局山殺方而又二星同到即不動作亦主火發也

或為廉貞飛至或為都天加臨即有動靜之分均有火災之患

廉貞五黃也都天十二戊己最凶紅羅紅舌主火女七赤九紫土五黃又到都天又臨衆煞相聚是為羣醜會集無論動與不動均有火災

是故亥壬方之水路宜通通者閉之則登時作祟右弼方之池塘可鑿鑿者填之則隨手生殃

亥壬二宮屬水水叫制火故不可閉閉則火無水制右弼九紫方也火方有水所以制火故不可塡

廟宇刷紅在一白煞方尚主瘟火樓臺聳鼓當七赤延地豈免災殃

廟宇紅色屬火在一白方似乎有制豈知一白是局山上煞地煞地見火水不能制故瘟火不免七赤在

旺地已主發大矣若於七赤上高造樓閣火災烏能免哉

建鐘樓於煞地不特亢旱常遭造高塔於大宮須知生旺難恃但一宮而二星同到必片刻而萬室全灰

前山之煞地已是凶方又建鐘樓鐘鳴則催動殺氣不但患火且犯訟病九紫七赤本是火宮雖在局山生旺之方但高聳則火星強燄況塔形尖利又是火形生旺何可恃乎若九紫七赤會於一處大災之慘論地皆紅

巽方庚子造高樓坎艮二局俱焚而坤局之界不犯

庚子中元也是年四綠入中七赤飛艮九紫飛坎一白飛坤巽方本九紫大星之位造高樓則火動艮之七赤為先天火數坎之九紫為後天火宮流年飛剋之星熒[illegible]坎艮俱焚也坤上流年是一白飛到水能制火故也不犯此就坎離定位分八方方隅也

已上丙午興傑閣巽中離兌皆爐而艮局遠方不侵知此明徵不難避禍

此以上總申明前九七合轍句意丙午中元也是年七赤入中故中宮被火九紫到兌故兌亦被火二黑到離二亦先天火數故離亦被火巽方本九紫火宮於此造閣所謂動始爲殃也艮上流年一白到可制火星故遠則可免此亦就坎離定位分方隅也

正煞為五黃不拘臨方到間人口常損病符為二黑無論流年小運疾病叢生五主孕婦受災黃遇黑時出寡婦二主宅母多痗黑逢黃至出鰥夫

五黃中央土為正關煞故最凶二黑爲病符星故主病五黃爲陽土二黑爲陰土主肚腹故孕婦應災黃上加黑陰壓陽也故出寡二黑爲坤坤爲老母故應宅母黑上加黃陽壓陰也故出鰥

運如已退廉貞逢處肯不一總以避之為良運若未交巨門交會病方深必然遷之始吉

廉貞五黃也已失生旺運時遇之災難畢至惟避為良巨門二黑也未交生旺運時見之病不能免惟遷始吉此以上總中明前二五交加句意

蚩尤碧色好勇鬥狠之神破軍赤名肅殺劍鋒之象是以交劍殺興多刦掠鬥牛殺起惹官刑七逢三到生財豈識財多被盜三遇七臨生病那知病愈遭官

三碧為蚩尤喜鬥爭七赤為破軍主肅殺七赤遇六白為金見金名交劍煞三碧遇坤艮為木剋土名鬥牛殺三碧木來被七赤金剋我剋為財但七赤是賊星故主被盜三碧木遇七赤金來剋剋我則病三碧喜戰鬥故又遭官

運至何處穿心然煞星旺臨終遭刼賊身强不畏反伏但助神一去遂見官災

三七對沖曰穿心殺旺者如三碧值木運七赤值金運煞通旺為得令故刼賊在所難免反吟與穿心煞同卽對宮相遇也若三又見三七又見七為伏吟助神助局宅之神也助神去則身弱而煞旺官災必不能脫矣

此以上總申明前三七叠臨句意

要知息刑弭盜何須局外搜求欲識愈病延年全在星中討論

此節總提吉凶總在局星上見

更言武曲青龍喜逢左輔善曜六八武科發跡否亦鞱略榮身八六文士參軍或則異途擢用旺生一遇已吉

死退雙臨乃佳

武曲六白左輔八白俱為吉宿六遇八主發武八遇六主發文如在局上為旺為生或六或八有一星到即吉如在局上為死為退則六八同到始佳

九紫雖司喜氣然六會九而長房血證七九之會尤凶

四綠固號文昌然八會四而小口殞生三八之逢更惡

六白金遇九紫火剋故主血證六白屬乾二為老父故應長男七赤金遇九紫火剋理應少女受災六白其吉星逢剋已凶七赤是破軍惡曜故尤凶八白土遇四綠木剋八白艮為少男故應小口八白土遇三碧木剋亦主小口不利四綠是吉星逢剋已凶三碧是祿存惡曜故更惡也

八逢紫曜婚喜重來六遇輔星尊榮不次如遇會合之道盡同一四之中

八白本吉星九紫又喜曜九紫火來生八白土故主婚喜重來六白本吉宿八白又善曜八白土來生六白金故主不次之擢會合謂二星同慶也吉星同慶其吉徵與四一同宮者同也

欲求嗣續紫白惟取生神至論帑藏飛星宜得旺氣

紫白吉曜生主發丁如九紫火來生土一白水來生木六白金來生水八白土來生金均為生神加紫白故發丁飛來旺星皆紫白吉曜旺星來主發財帛

二黑飛乾逢八白而財源大進遇九紫則瓜瓞緜緜三碧臨庚逢一白而丁口頻添交二黑則倉箱濟濟先旺丁後旺財於中可見先旺財後旺丁於理易詳

此以上中明前息刑弭盜句意

坎宅二黑飛乾二黑土也遇流年八白土亦到乾土見土為旺八白又為吉曜故主發財二黑土遇九紫火來生九紫是吉曜故發丁坎宅三碧飛兌三碧木

也遇流年一白水非到兌水生木為生一白又吉曜故發丁三碧木去剋二黑土我剋為財故交二運主發財此數句均應上節四句而言凡生星先到旺星後到則先發丁而後旺財旺星先到生星後到則先旺財而後發丁

木間逢一白為生氣添丁不育必因星到艮坤火曆遇木運為財宮累不休必是年逢戌亥故遇煞未可言煞須求化煞為權逢生未可言生猶擢恩星受制

一白水生間一白為子星主生子又遇八白土來剋故主添丁不育木運能生火曆故發財但火墓於戌絕于亥故交戌亥年主官災如遇水為煞則用木洩之用土剋之所謂化煞為權也遇水為恩或土剋之木洩之火退之所謂恩星受制也餘類推

但方曜宜配局配坐山更配曆星乃善門星必合山合

曾數尤合方位為佳

凡八方飛到之星要與局山層上配合生旺各間輪到之星要與山層方上配合生旺

蓋在方論方原有星宮生剋之辨復配以山之生死局之旺衰層之退殺而方曜之得失始彰

在方論方者就本方之星論生剋也如本方為坎遇六白七赤飛到金來生水為生遇二黑八白星到土來剋水為剋八方皆然或生或剋必須辨之更以方星與山局層較論生旺則得剋洩則失

就間論間固有河圖配合之殊再合以層之恩難山之父子局之財官而間星之制化聿著

就間論間者言就本間之星論生剋以河圖之數與之配合如一間水二間火之數水間遇金水星吉遇土木星凶更以層山局與間星較論生我者為恩剋我者為難生我者為父我生者為子我剋者為財剋

我者為官如遇剋殺退洩則用制化之法

論方者以局山層同到觀其得運失運而吉凶懸殊

將方與局山層飛到之星合河洛二運觀其得失得運則吉失運則凶大相懸殊也

論間者以運年月疊至徵其得氣失氣而休咎迥別

將此間看值河洛何運年星又值何星其星在生旺運中則得氣在剋洩運中則失氣得氣主休失氣主咎兩途分判各不相同

八卦六白屬金九星二黑屬土此號老父配老母入三層則木來剋土而財少入兌局則星到生宮而人興更逢九紫入土木之元斯得運而主科名財丁並茂

河圖八卦方位乾位西北屬金洛書二黑屬土二黑到乾土來生金故善乾金喜二黑來生矣若乾宅屋

造三層屬木二黑飛到却被木剋不能生金故主則少兑局爲金二黑飛到則土來生金主發丁故人興九紫屬火元運值木木生火火爲運生星元運值土火生土爲星生運運星運相生所以丁財貴均發也

河圖四間屬金洛書四綠屬木此爲河圖剋洛書入兑方則文昌破體而出孤入坤局則土重埋金而出寡若以一層入坎震之鄉爲得氣而增丁口科甲傳名

此以上總論層間星之吉凶

河圖水一火二木三金四第四間屬金洛書一白二黑三碧四綠第四間屬木是河圖之金剋洛書之木而又在兑方兑屬金金又剋木四綠爲文昌被剋則體破四綠位巽爲稱木受兑剋兑爲女女强則剋夫而稱木受巽故出孤四間金屋在坤局坤爲土土重埋金土勢强矣坤爲老母贅强剋夫故出寡一層屬木若在坎方則水見水爲旺在震方則水層生木方爲生層方互爲生旺始爲得氣發丁發貴理必然也

局為體山為用山為體運為用體用一元合天地之動靜

先看局就局上分別山之吉凶是局為體山為用也先看山由山上分別運之與山生旺退洩何如是山為體運為用也體主靜用主動局山能合生旺則體用合一矣得天動地靜之道也

山為君層為臣層為君間為臣君臣合德動神鬼之驚疑

君主也臣輔也先以坐山為主某山應配幾層是層從山而定者也則山為君層為臣先以層為主幾層應配幾間是間從層而定者也則層為君間為臣君臣合德者山與層相生旺而不剋洩層與間亦然是君臣合德矣鬼神有不見而驚異者哉

局雖交運而八方六事亦懼廉貞戊己疊加山雖逢元而死位退方猶懼巡羅天罡助虐

局雖交生旺元運而局上八方有六事如流年戊己廉貞凶星重疊而臨亦懼六事宜分內外內六事在

宅內如門戶井竈牀房等外六事在宅外如橋梁殿塔亭臺等凡與見照着者皆是雖曰六實不止于六也戊己每年用五虎遁遁至戊己二位為戊己煞如甲己之年丙作首甲子年寅上丙寅卯上丁卯辰上戊辰是戊煞巳上己巳是己煞廉貞五黃也山雖交生旺元運而山之死退方有巡羅天罡惡煞加臨最可懼也巡羅每年太歲為建對宮為破破為河魁巡山羅睺是也天罡是奇門內之惡星其法每年從辰上起子逆行遇太歲泊宮即是

蓋吉凶原由星判而隆替乃由運分屋運興局運敗從局名吉山運敗屋運興從屋徵祥

此以上總論局山宜並重星之吉者主吉凶者主凶星果吉矣而又得生旺元運則其吉愈隆星雖吉矣而值死退之元運則雖吉仍替如局得元運而興屋失元運而敗則從局而舍屋山失元運而敗局得元運而興則從局而舍山

發明星運之用啟迪後起之賢神而明之存乎其人也

此節總收通篇大旨而示叮嚀告誡之意

八宅天元賦

蔣大鴻著

元天垂象九霄開梵氣之中大地炳靈九野兆坤維之紀龍馬以河圖啟瑞神龜以洛書效珍剖混沌之先機昭乾坤之大法自然妙化至人因之建都邑以御萬邦授室廬以綏兆姓明堂九室見於月令之文方井八家考之徹田之制（此段統論象數之始）粵稽黃帝始創宮室我祖丈公爰營洛邑當時著為憲令後世遵為遺規生民日用而不知聖人先知而不議秦火之後典籍蕩然千聖不傳之心一綫寄諸哲士黃石授之圯上乃出青囊蕭相功成未央大開北闕逮於管郭微言莫稽比及楊曾正

術始顯嗣後僞書雜出異執爭馳家造滅蠻之經人排
掌中之卦詞能害志僞且亂真斯固世道之衰微抑亦
天機之隱祕不得雲陽之訣豈知幕講之傳此統論地理之流傳
而歸重於無極得傳於幕講爲正宗幕講爲吉安劉達
僧之高弟無極實得幕講之傳以續揚曾之緒者也
萬世洪荒一朝剖破統結以上二段坐山定宅宅既不真東西
分宮宮亦全謬五鬼六害豈皆絕命之神生氣天醫不
盡延年之路貪狼巨門高聳本是吉星廉貞破軍昂頭
詎眞凶曜欲執遊年訣法斷無取驗機關此辨宅書之非要明
八宅之真先識九宮之數年分甲子運轉三元上元一
白爲君坤震爲輔中元四綠居首五六相承七赤下元

艮離震旺此指氣數之真是天元賦正文前後皆發明此秘春榮秋落莫尋出運之龍陽往陰來須還本宮之水正偏曲直惟貴格清廣狹淺深只求位則此示人以入用之法形局之模糊猶可方隅之雜亂難言曠野平原端取流神結體闌廂村鎮多將衢路分蹤城隅依城為憑山谷傍山文局高樓峻宇嶠星借補於鄰家壚闌橋梁動氣交衝乎轍迹墻垣皆能障蔽竹木亦可攔當此言氣之所到以形而受總之水為引氣之神察其來又看兜抱風多動氣之力惟主散須用遮闌呼吸須辨陰陽化機總歸一局風之所送即是水之所交陽之所噓亦即陰之所吸交類牝牡如影隨形應若宮

商似響斯答水氣在土膚之上當以光交風氣來空虛之中但隨質取光交覯憑目覯質取變有多端若逢空缺即為來一有遮闌旋作止辨明止來二氣方知噓吸真機此言風水二者分道揚鑣殊途同軌更有宅神尤多妙用權衡內外變化吉凶蓋內氣是宅內之方隅外氣是宅外之風水內外俱凶成廢宅內外俱吉是仙宮外凶內吉謹許小康外吉內凶難除瑕玷此言曠野一家之宅非言城市比屋之居論曠野居宅但辨吉凶二氣凡宅皆同俱宜分清者也若夫接宇連甍尤重升堂入室略陳矩矱以備推求大體先論宅形機括更看門路四方正直備有八宮區闊直長偏居二卦

一曲須論首尾三灣亦取兩頭長短消除廣狹轉變均齊方正有左衰右旺之時缺曲偏斜辨此濁彼清之界卦有定理格不一方此論捷宅法而一曲首尾三灣兩頭二語尤千古傳心之秘最宜詳玩之也　假如震兌橫若几樣二卦適均艮坤折若磬形兩宮並至試問門開何地乃知氣入之源嚴搜內室何方始定歸根之路若門通前後則卦不一家更卧室居中則氣收兩舍此論形異則氣別也　向兼寅甲坐雜亥壬東房富則西房必貧南枝榮則北枝定萎察重輕於門路測深淺於卦爻析釁乃彰合居不判此分一宅榮枯兩以出卦爻為戒也　欲較門之力量亦辨宅之形模方宅四周門通八國如其曲

折離以推移坤向深沈兌離二門皆不應正南重疊巽坤兩户總無憑門若居中左右截然分氣門如旁啟一邊獨領真情全憑內路之曲折直長引神入室并審旁門之有無純雜漏氣奪胎總之多門不如一門之專精遠路豈同近路之親切總門統一家之隆替房門辨夫婦之安危此論門路別有男女弟昆驗分居之房闈下至婢奴妾媵據所授之一廛萬花谷裏豈無一樹先零數畝池中亦有鯨魚漏網此論大小男女主奴之房室宅大則所指之勢必遠宅小則所受之氣亦微總求領氣為樞機細審真方分順逆此論大宅小宅收氣之厚薄故一門頓分枯榮移一巷立

判災祥拆屋添房看取東宮西舍鼎新換舊須知旺位衰方

此論修改之法　陽宅氣從門入値有失元之地改一旺門便能起衰得元之地行一衰門便生滅福尺寸之間不可不慎也凡開門當問其起造之年是何時用飛星掌訣審明某方最旺宜開門而所開之門又必與目前最旺之運相合方可起衰若但知門旺而本宅所造之元運在或剋或洩之方反見凶煞所謂改門宜從旺方開旺門也

或彼家吉而此家凶或昨日興而今日替其機可畏其理難明歎內食之終迷遇真詮而罔覺有宅於此吾所共疑何祖父顯而未祚中微何舊主傾而更姓驟起亦有弟肥兄瘦豈無主弱奴强愚人不識氣機輒議全無宅法不見芳春綠萼隕秋霜而自凋譬諸大旱赤苗沛甘霖而立起吉人趨其景運簿祚遠其衰

時寔有天心適符地脉此理捷於影響至人祕而不傳此示人審運以趨吉避凶宮室不問與生入之命相似也世重葬經每輕宅相夫反氣入骨固人道報本之常經立命安身亦孝子守身之本務祖先寔以後昆為血脉即墓反以住宅為安危其理甚微不可不察且死者已枯之骨非歷久而不榮生人食息之場隨呼吸而立應欲求朝葬暮榮之術須識移宮換宿之奇歷試不爽吾言若契此以陰宅比論將此重任慎簡其人苟非同天地之心何以通造化之妙按圖索驥難悉端倪觸類引伸粗陳大槪省察之機屬乎目變化之巧因乎心書不盡言言不盡意果精其術真堪羽

翼斯民克守遺規庶以延長世澤至理不易上士何由傳之下愚天道無私祖父豈敢貽其孫子我滋懼矣尚慎旃哉（總結通篇）

魏柏鄉相國家藏有傳家得一錄蔣公得之武夷道人始著此賦具發明天元精奧全豹可窺視五歌更為細密同志者寶之　光緒丙戌錢唐沈竹礽錄

第四卷勘誤表

説卦錄要第四葉下板第五行第二十字薄 係溥

又 第六行第二字薄字 係溥

河洛生尅吉凶斷第一葉下板第四行第一字多字下漏生字

玄機賦第二葉下板第四行第八字倍係培字

玄空祕旨第四葉上板第三行第十九字未字係來字

又 第六葉上板第三行第二字生字係坐字

又 又 下板第七行第十二字及字係乃字

又 第七葉下板第四行第十十一字門開係開門

又 第十葉上板第二行第十字支煎午午字係干字

又　又　第四行第十二字薄字係溥字

又　第十一葉下板第十行第十一字遡緋緋字係排字

又　第十二葉下板第八行第十五字四字係匹字

又　第十三葉下板第七行第七字上字係止字

又　第十四葉下板末行第六字雙字係隻字

飛星賦第一葉下板第一行第十二字毁字係毀字

又　第二葉下板第三行第四字王字係主字

又　第三葉下板第五行第十四字姑字係始字

龍到頭口訣第一葉上板第一行第七字屈字係窟字

又　第九行第十八字屈係窟字

第十行第六字屜係窟字
玄關同竅歌第一葉上板第四行第一字一字上漏門字
八宅天元賦第一葉上板第二行第六字霄係霄字
又　第四葉上板第二行末一字滅係減字
又　又　第六行第十一字内係肉字
又　又　第十行第十七八字蒋柞係薄祚字

占筮類			
1	擲地金聲搜精秘訣	心一堂編	沈氏研易樓藏稀見易占秘鈔本
2	卜易拆字秘傳百日通	心一堂編	
3	易占陽宅六十四卦秘斷	心一堂編	火珠林占陽宅風水秘鈔本
星命類			
4	斗數宣微	【民國】王裁珊	民初最重要斗數著述之一；未刪改本
5	斗數觀測錄	【民國】王裁珊	失傳民初斗數重要著作
6	《地星會源》《斗數綱要》合刊	心一堂編	失傳的第三種飛星斗數
7	《斗數秘鈔》《紫微斗數之捷徑》合刊	心一堂編	珍稀「紫微斗數」舊鈔秘本
8	斗數演例	心一堂編	
9	紫微斗數全書（清初刻原本）	題【宋】陳希夷	斗數全書本來面目；有別於錯誤極多的坊本
10－12	鐵板神數（清刻足本）——附秘鈔密碼表	題【宋】邵雍	無錯漏原版秘鈔密碼表　首次公開！
13－15	蠢子數纏度	題【宋】邵雍	蠢子數連密碼表　打破數百年秘傳　首次公開！
16－19	皇極數	題【宋】邵雍	清鈔孤本附起例及完整密碼表　研究神數必讀！
20－21	邵夫子先天神數	題【宋】邵雍	附手鈔密碼表　研究神數必讀！
22	八刻分經定數（密碼表）	題【宋】邵雍	皇極數另一版本；附手鈔密碼表
23	新命理探原	【民國】袁樹珊	子平命理必讀教科書！
24－25	袁氏命譜	【民國】袁樹珊	
26	韋氏命學講義	【民國】韋千里	民初二大命理家南袁北韋
27	千里命稿	【民國】韋千里	北韋之命理經典
28	精選命理約言	【民國】韋千里	
29	滴天髓闡微——附李雨田命理初學捷徑	【民國】袁樹珊、李雨田	命理經典未刪改足本
30	段氏白話命學綱要	【民國】段方	民初命理經典最淺白易懂
31	命理用神精華	【民國】王心田	學命理者之寶鏡

32	命學探驪集	【民國】張巢雲	發前人所未發 稀見民初子平命理著作
33	澹園命談	【民國】高澹園	
34	算命一讀通——鴻福齊天	【民國】不空居士、覺先居士合纂	
35	子平玄理	【民國】施惕君	
36	星命風水秘傳百日通	心一堂編	
37	命理大四字金前定	題【晉】鬼谷子王詡	源自元代算命術
38	命理斷語義理源深	心一堂編	稀見清代批命斷語及活套
39－40	文武星案	【明】陸位	失傳四百年《張果星宗》姊妹篇 千多星盤命例　研究命學必備
相術類			
41	新相人學講義	【民國】楊叔和	失傳民初白話文相術書
42	手相學淺說	【民國】黃龍	民初中西結合手相學經典
43	大清相法	心一堂編	重現失傳經典相書
44	相法易知	心一堂編	
45	相法秘傳百日通	心一堂編	
堪輿類			
46	靈城精義箋	【清】沈竹礽	沈氏玄空遺珍 玄空風水必讀
47	地理辨正抉要	【清】沈竹礽	
48	《玄空古義四種通釋》《地理疑義答問》合刊	沈瓞民	
49	《沈氏玄空吹虀室雜存》《玄空捷訣》合刊	【民國】申聽禪	
50	漢鏡齋堪輿小識	【民國】查國珍、沈瓞民	
51	堪輿一覽	【清】孫竹田	失傳已久的無常派玄空經典
52	章仲山挨星秘訣（修定版）	【清】章仲山	章仲山無常派玄空珍秘 門內秘本首次公開 沈竹礽等大師尋覓一生 末得之珍本！
53	臨穴指南	【清】章仲山	
54	章仲山宅案附無常派玄空秘要	心一堂編	
55	地理辨正補	【清】朱小鶴	玄空六派蘇州派代表作
56	陽宅覺元氏新書	【清】元祝垚	簡易・有效・神驗之玄空陽宅法
57	地學鐵骨秘　附　吳師青藏命理大易數	【民國】吳師青	釋玄空廣東派地學之秘
58－61	四秘全書十二種（清刻原本）	【清】尹一勺	玄空湘楚派經典本來面目 有別於錯誤極多的坊本

62	地理辨正補註　附　元空秘旨　天元五歌　玄空精髓　心法秘訣等數種合刊	【民國】胡仲言	貫通易理、巒頭、三元、三合、天星、中醫
63	地理辨正自解	【清】李思白	公開玄空家「分率尺、工部尺、量天尺」之秘
64	許氏地理辨正釋義	【民國】許錦灝	民國易學名家黃元炳力薦
65	地理辨正天玉經內傳要訣圖解	【清】程懷榮	秘訣一語道破，圖文并茂
66	謝氏地理書	【民國】謝復	玄空體用兼備、深入淺出
67	論山水元運易理斷驗、三元氣運說附紫白訣等五種合刊	【宋】吳景鸞等	失傳古本《玄空秘旨》《紫白訣》
68	星卦奧義圖訣	【清】施安仁	三元玄空門內秘笈　清鈔孤本 過去均為必須守秘不能公開秘密 與今天流行飛星法不同
69	三元地學秘傳	【清】何文源	
70	三元玄空挨星四十八局圖說	心一堂編	
71	三元挨星秘訣仙傳	心一堂編	
72	三元地理正傳	心一堂編	
73	三元天心正運	心一堂編	
74	元空紫白陽宅秘旨	心一堂編	
75	玄空挨星秘圖　附　堪輿指迷	心一堂編	
76	姚氏地理辨正圖說　附　地理九星并挨星真訣全圖　秘傳河圖精義等數種合刊	【清】姚文田等	蓮池心法　玄空六法 門內秘鈔本首次公開
77	元空法鑑批點本——附　法鑑口授訣要、秘傳玄空三鑑奧義匯鈔　合刊	【清】曾懷玉等	
78	元空法鑑心法	【清】曾懷玉等	
79	曾懷玉增批蔣徒傳天玉經補註【新修訂版原（彩）色本】	【清】項木林、曾懷玉	
80	地理學新義	【民國】俞仁宇撰	揭開連城派風水之秘
81	地理辨正揭隱（足本）　附連城派秘鈔口訣	【民國】王邈達	
82	趙連城傳地理秘訣附雪庵和尚字字金	【明】趙連城	
83	趙連城秘傳楊公地理真訣	【明】趙連城	
84	地理法門全書	仗溪子、芝罘子	巒頭風水，內容簡核、深入淺出
85	地理方外別傳	【清】熙齋上人	巒頭形勢、「望氣」「鑑神」
86	地理輯要	【清】余鵬	集地理經典之精要
87	地理秘珍	【清】錫九氏	巒頭、三合天星，圖文並茂
88	《羅經舉要》附《附三合天機秘訣》	【清】賈長吉	清鈔孤本羅經、三合訣法圖解
89－90	嚴陵張九儀增釋地理琢玉斧巒	【清】張九儀	清初三合風水名家張九儀經典清刻原本！

91	地學形勢摘要	心一堂編	形家秘鈔珍本
92	《平洋地理入門》《巒頭圖解》合刊	【清】盧崇台	平洋水法、形家秘本
93	《鑒水極玄經》《秘授水法》合刊	【唐】司馬頭陀、【清】鮑湘襟	千古之秘，不可妄傳匪人
94	平洋地理闡秘	心一堂編	雲間三元平洋形法秘鈔珍本
95	地經圖說	【清】余九皋	形勢理氣、精繪圖文
96	司馬頭陀地鉗	【唐】司馬頭陀	流傳極稀《地鉗》
97	欽天監地理醒世切要辨論	【清】欽天監	公開清代皇室御用風水真本
三式類			
98－99	大六壬尋源二種	【清】張純照	六壬入門、占課指南
100	六壬教科六壬鑰	【民國】蔣問天	由淺入深，首尾悉備
101	壬課總訣	心一堂編	過去術家不外傳的珍稀六壬術秘鈔本
102	六壬秘斷	心一堂編	
103	大六壬類闡	心一堂編	
104	六壬秘笈——韋千里占卜講義	【民國】韋千里	六壬入門必備
105	壬學述古	【民國】曹仁麟	依法占之，「無不神驗」
106	奇門揭要	心一堂編	集「法奇門」、「術奇門」精要
107	奇門行軍要略	【清】劉文瀾	條理清晰、簡明易用
108	奇門大宗直旨	劉毗	天下孤本　首次公開 虛白廬藏本《秘藏遁甲天機》
109	奇門三奇干支神應	馮繼明	
110	奇門仙機	題【漢】張子房	奇門不傳之秘　應驗如神
111	奇門心法秘纂	題【漢】韓信（淮陰侯）	
112	奇門廬中闡秘	題【三國】諸葛武侯註	
選擇類			
113－114	儀度六壬選日要訣	【清】張九儀	清初三合風水名家張九儀擇日秘傳
115	天元選擇辨正	【清】一園主人	釋蔣大鴻天元選擇法
其他類			
116	述卜筮星相學	【民國】袁樹珊	民初二大命理家南袁北韋
117－120	中國歷代卜人傳	【民國】袁樹珊	南袁之術數經典